THETA HEALING®

DERİN İNANÇLARI BULUN

VIANNA STIBAL

THETAHEALING® TEKNİĞİNİN KURUCUSU

NEMESİS KİTAP / Kişisel Gelişim
Yayın Numarası: 491

ThetaHealing-Derin İnançları Bulun Vianna Stibal

Kitabın Özgün Adı: ThetaHealing-Digging for Beliefs
Çeviren: Begüm Karace

Yayın Yönetmeni: Serap Çakır Özcan
Editör: Cansu Karadeniz
Kapak Uygulama: Cem Özcan
Sayfa Düzeni: Efdal Basan
Sosyal Medya: Yağmur Sevinç

ISBN: 978-605-7649-43-0
Baskı: Nisan 2026

Nemesis Kitap:
Gümüşsuyu Mah. Osmanlı Sok. Osmanlı İş Merkezi 18/9 Beyoğlu/İstanbul
Tel.: (0212) 222 10 66 info@nemesiskitap.com • www.nemesiskitap.com
Sertifika No: 49065

Baskı ve Cilt:
Epsilon Baskı Çözümleri Ticaret ve Sanayi Anonim Şirketi
Gürsel Mah. İcabet Sk. No: 3
34400 Kağıthane / İstanbul
Sertifika No: 80940

THETA HEALING®

DERİN İNANÇLARI BULUN

Çeviren: Begüm Karace

VIANNA STIBAL

THETAHEALING® TEKNİĞİNİN KURUCUSU

NEMESİS
KİTAP

İÇİNDEKİLER

Önsöz 7
Okura Not 9
Giriş: Thetahealing Psikolojisi. 10
İnançlar - Bilinçaltına Bir Portal 12
Değişim Yaratma İşlemi 14
Bölüm 1: ThetaHealing Tekniği 17
Bölüm 2: Enerji Testi 35
Bölüm 3: İnanç Çalışması ve Kazma: Geçmiş, Şimdi ve Gelecek 43
Bölüm 4: Kazma İlkeleri 65
Bölüm 5: İnanç Çalışmasında Kazmanın Beş Temel Adımı 93
Bölüm 6: On Kazma Yaklaşımı (veya Kısayollar) 103
Sonuç: Bir ThetaHealer Olmak 158
Sözlük 160
Referanslar 165
Kaynaklar 166
Yazar Hakkında 168

• Koyu renkle belirtilmiş sözcükler için kitabın sonundaki "sözlük" bölümüne bakınız.

ÖNSÖZ

ThetaHealing; kendini sınırlayan inançları değiştirmek, olumlu inançları geliştirmek, insanlığın yararına olacak şekilde manevi olarak kendini anlamak ve geliştirmek için kullanılabilecek bir felsefe ve eksiksiz bir şifa sistemidir.

Bu kitap, inançları araştırmak için derinlemesine bir rehber olarak tasarlanmıştır ve aynı zamanda *ThetaHealing, İleri ThetaHealing, ThetaHealing Hastalıklar ve Rahatsızlıklar ve Varoluşun Yedi Seviyesi* kitaplarına eşlik eder.

ThetaHealing'in ilk kitabında, ThetaHealing'in okuma, şifa, **inanç çalışması, his çalışması, kazma çalışması ve gen çalışması** işlemlerini adım adım açıklamanın yanı sıra yeni başlayanlar için ek bilgilerin bulunduğu *Varoluşun Yedi Seviyesi*'ne bir giriş sunuyorum.

Bir sonraki kitap olan *İleri ThetaHealing*, inanç, his ve kazma çalışmaları hakkında daha derinlemesine bir rehberlik sunar. Ayrıca varoluş seviyeleri ve ruhsal gelişim için gerekli olduğuna inandığım inançlar hakkında da derinlemesine bilgiler sağlar. *İleri ThetaHealing*, ThetaHealing'in ilk kitabı üzerinden genişlerken, *Varoluşun Yedi Seviyesi*, ThetaHealing felsefesini tanımlamaktadır.

Bu kitapta açıklanan inançları bulmak ve kazma uygulamalarından tam anlamıyla faydalanmak için ilk kitap olan *ThetaHealing*'de açıklanan işlemlerin tam kavrayışına ulaşmak gereklidir. Bununla birlikte, ThetaHealing işlemlerinin açıklamasını Bölüm

1-2'de ve sözlük bölümünde bulabilirsiniz; bunların tümü ThetaHealing'de yeniyseniz faydalı olabilir.

Bu kitapta kullanılan enerji-şifa teknikleri, *ThetaHealing ve İleri ThetaHealing*'de fiziksel, psikolojik ve ruhsal şifa yarattığını düşündüğüm **Theta beyin dalgalarını** kullanan meditasyon uygulamaları ile birlikte tam olarak açıklanmaktadır. Saf ve ilahi bir **Theta zihinsel durumdayken**, odaklanmış dua ile **Her Şeyin Yaratıcısı** ile bağlantı kurabiliriz. Yaratıcı bize, almak üzere olduğunuz büyüleyici bilgiyi verdi; bu bilgi benim hayatımı ve başka pek çoğunun hayatlarını değiştirdi.

Bununla birlikte, ThetaHealing ve bu kitapta açıklanan teknikler ile mutlak olan bir gereklilik vardır: Her şeyin içinden akan bir enerjiye dair merkezi bir inanca sahip olmalısınız. Bazıları buna "Her Şeyin Yaratıcısı", "Yaradan" veya "Tanrı" diyebilir.

ThetaHealing'in bir dinle ilişkisi yoktur. Aynı zamanda; bir yaş, cinsiyet, ırk, renk, inanç veya dine özgü süreçlerle de ilişkisi yoktur. Tanrı'ya ya da Yaratıcı Güç'e inanan herkes ThetaHealing ağacının dallarına erişebilir ve bunları kullanabilir. Ben, Yaradan'ın birçok farklı isme sahip olduğunu fark ediyorum; Tanrı, Yaşam Gücü, Allah, Her Şeyin Yaratıcısı, Tanrıça, İsa, Kutsal Ruh, Kaynak ve Rab gibi.

Bu bilgiyi sizinle paylaşıyor olsam da kullanımından doğabilecek değişikliklerden dolayı sorumluluk kabul etmiyorum. Bu sorumluluk sizindir. Bu, kendi yaşamınızın yanı sıra başkalarının yaşamlarını da değiştirme gücüne sahip olduğunuzu fark ettiğinizde üstlendiğiniz sorumluluktur.

Okura Not

ThetaHealing derslerini yıllarca öğrettikten sonra bazı öğrencilerin, bir seans sırasında kök inancı ya da anahtar inancı kazma konusundaki yanlışlarını görmeye başladım. Bazı öğrencilere eski ThetaHealing öğretmenleri tarafından kazmanın yanlış yolu öğretilmiş (veya oluşturulmuş), bazı öğrencilere ise kazma uygulamaları hiç öğretilmemiş olabiliyordu. Bazı öğrenciler olumsuz inançlar yüklerken ya da sadece uzun inanç listelerini yüklerken, bazıları ise inanç çalışması yaptığı halde yüklemeleri kullanmıyordu. Bazı uygulayıcılar iyi bir inanç çalışması yapıyorlardı; ancak bu da yeteri kadar etkili değildi ve danışanlarının iyileşmesi için gerekenden daha fazla seansa ihtiyaç vardı. Bazı öğrenciler ise temel ve ileri kitaplardaki kazma açıklamalarını okumadılar.

Kazma, ThetaHealing'in en önemli özelliklerinden biridir, ancak her yıl öğrenciler eğitmenlik dersine kötü alışkanlıklarla geldiler. Kazma sınıfı, inançları etkin ve hızlı bir şekilde kazmalarına yardımcı olmak için tasarlandı ve bu kitap onun bir sonucudur.

GİRİŞ: THETAHEALING PSİKOLOJİSİ

İnançlar, duygular, duygusal durumlar ve bunların nasıl yaratıldıklarına dair, üzerine yazılmış tonlarca yazı ve birçok teori var. Bunların çoğu; psikoloji, fizyoloji, felsefe, nöroloji, sosyoloji, endokrinoloji ve psikoterapide nasıl çalıştıklarını açıklamaya çalışır. Hepsinin sorduğu soru şudur: "Bir hissi, inancı veya duyguyu nasıl tanımlarız? Beyinde nerede ve nasıl var olurlar ve bunlar nelerdir?"

Modern bilimde duygular ve inançlarla ilgili kavramların birçoğu, özünde teorik spekülasyonların öğrenme süreçleridir. Bazı psikologlar için bir his, duygusal bir durumun sonucu olan öznel bir deneyimdir. Duygusal bir durumun sonucunu sözlü ve fiziksel reaksiyonlarla görebiliriz, ancak mekanik olarak nasıl oluştuklarını göremeyiz - beyin dalgalarını izlemek için bir elektroansefalografi okuması ve daha yakın zamanda bir CT taraması yapmak dışında. Bununla birlikte duyguların, vücudun dolaşım ve nörolojik sistemleri aracılığıyla -kimyasal ve elektriksel mesajlar yoluyla- vücuda gönderildiğini tahmin edebiliriz.

Bazı psikologlar duygusal durumumuzun temelde, biyolojik ve sosyal faktörlere verilen biyolojik tepkiler olduğunu öne sürüyorlar. Bu teorilere göre altı temel duygu vardır; öfke, iğrenme, korku, mutluluk, üzüntü ve sürpriz. Bu temel duygular daha karmaşık duygular oluşturmak için harmanlanır. Buna güzel bir örnek, aynı anda hem öfke hem de iğrenme hissetmek olabilir ve bu duygular küçümseme hissini oluşturmak için harmanlanır.

(Lütfen bu kavramların en azından kısmen duygularla ilgili teoriler olduğunu anlayın.)

Ancak bunların hiçbiri, neden belirli bir inancı geliştirdiğimizi veya birinin bize geçirildiğini açıklamıyor. İnanç, duygusal bir durum mudur? Beyinin neresindedir? Nasıl oluşur? Neden bir kişi belirli inançları geliştirirken diğeri geliştirmez?

Bir şey kesin gözüküyor: İnançlar beyinde derine gömülmüş zihinsel nesnelerdir ve aynı anılar gibi pozitif veya negatif hallere dönüşebilirler. Dolayısıyla bir sonraki soru, "İnançlarımızın neler olduğunu nasıl bilebiliriz ve gerektiğinde nasıl değiştirebiliriz?" olacaktır. Nefret, önyargı ve ayrımcılık, aynı zamanda olumsuz duyguların kaynağı haline gelebilecek birkaç olumsuz inanç örneğidir, ancak olumsuz duyguların kaynağı olmasına rağmen aynı zamanda; dua, meditasyon, sevgi, iyi niyet gibi olumlu duygular ve hisler yaratma eğilimi de vardır. Bazı bilim insanları, inançların beyindeki hatıralarla aynı şekilde oluştuğunu iddia ediyor. Peki, bir kez oluştuklarında onları nasıl değiştirirsiniz?

Oxford Üniversitesi'nde nöro bilimci olan Kathleen Taylor şöyle diyor: "Onlara (inançlara) itiraz ederseniz... o zaman hafifçe zayıflarlar. Eğer bu, yeni inançların güçlü biçimde pekiştirilmesiyle birleşirse, o zaman birinden diğerine geçiş olacaktır.

İNANÇLAR - BİLİNÇALTINA BİR PORTAL

İnanç ve kazma çalışması, ThetaHealing'in vazgeçilmez bir parçasıdır ve psikolojik bakış açısıyla; değişimin yaratılması için bilinçaltı zihnine doğrudan portal açmanın bir yolu olarak kolayca anlaşılabilir. İnsanları inanç çalışması oturumlarında gözlemlemek, en azından bazı insanlarda, bilinçaltı okyanusunun çevresinde bir koruma balonu olduğunu gösterir. Bu koruma alanı doğal bir süreçte yaratılmıştır, böylece bilinçaltının sabit diski bizi acılardan ya da bize acı veren şeylerden izole edebilir (Yaşamımız boyunca oluşmuş olan inançları veya **programları** değiştirmeye çalışırsak).

Beyin, biyolojik süper bir bilgisayar gibi çalışır; bilgiyi değerlendirir ve ona cevap verir. Bir deneyime nasıl tepki vereceğimiz bilinçaltına verilen bilgilere, nasıl alındığına ve yorumlandığına bağlıdır. Bir inanç, zihin tarafından "gerçek" olarak kabul edildiğinde bir program olarak kristalleşir ve bilinçaltının sabit diskine yerleştirilir. ThetaHealing, tıpkı bir bilgisayar gibi, inançları olumlu veya olumsuz olarak ayırt etmeksizin yerine getirdiği için "bilinçaltının" sabit diskini, "programlar" olarak adlandırıyor.

Bir program bizim yararımıza olabilir veya ne olduğuna ve nasıl tepki gösterdiğimize bağlı olarak zarar verici de olabilir. Örneğin, "Başaramam" adlı gizli programla yaşamak, yıllarca süren başarıdan sonra bile her şeyinizi kaybetmenize ya da kendi kendinizi sabote eden davranışlara neden olabilir ve program bilinçdışı olduğu için kendi kendini sabote etmeye devam eder. Çocuklukta oluşabilecek bu tür programlar, bilinçaltının derinliklerine uzanır ve kendini gerçekleştirebileceği fırsatın oluşmasını bekler.

Yaşamımız boyunca öğrenip büyüdükçe çoğumuzun değişim ve büyümenin bize dost olmadığını düşünmesinin nedeni de budur. Çocukken yaşadığımız deneyimler, bize değişimin acı verici hatta tehlikeli olabileceğini öğretir. Çocuklukta yaşanan travmalar –belki de okul değiştirmek, boşanma, ölüm veya başka bir sebepten dolayı– bilinçaltı çevresinde bir koruma balonu oluşturarak bizi acıdan izole etmenin bir yolunu bulur. Yaşlandıkça değişim ve büyüme (Batı zihniyetinin algıladığı gibi) de acı verici olarak algılanır. İşleri kaybetme, değiştirme, ilişkideki bozulmalar veya yaşlanan bedenlerimiz gibi olaylar da değişim algımızın giderek daha olumsuz hale geldiği anlamına gelebilir. Bilinçaltı, bu öğrenilmiş davranışları içselleştirdiği için (bazıları yararına olmayabilir) derinlerde canavarlar olduğunu bilir ve bu davranışların bazıları doğrudan temas edilirse ve pozitif değişim için bir girişimde bulunulursa acı verici olabilir ve dolasıyla koruma balonu yerinde kalır. Yaşlandıkça bize acı verebilecek değişiklikler yapmak gittikçe zorlaşır ve böylece koruma katmanları daha da kalınlaşır. İnanç çalışması, bu koruma baloncuğunun katmanlarını bilinçaltı zihne doğru delmenin ve acı yaratmadan değişiklik yapmanın bir yoludur.

İnanç çalışması, evrendeki en büyük güç olan atom altı parçacıklarının enerjisiyle değişimin yaratılabileceği algısı yoluyla, olumsuz programları çıkarmanın ve onları faydalı programlarla değiştirmenin yolunu açar. Bu özün nasıl algılandığı, bireye bağlıdır. Bazı insanlar bu öze "Tanrı" derken diğerleri bunu bilimsel olarak algılayabilir. Her iki durumda da hayatımızda somut bir değişim yaratmak için bize bir odak noktası verir. Bu süreçte hem içerde hem de dışarıda olan bir inanç, zihnimizdeki diğerlerinden daha güçlü olarak kabul edilir.

Değişim Yaratma İşlemi

Enerji testini kullanarak (Bölüm 2'ye bakınız), bilinçaltımızda hangi inanç programlarının tutulduğunu ve (içimizde olduğuna inandığımız) **dört inanç seviyesinden** hangisinde (**öz, genetik, geçmiş ve ruhsal**) olduğunu algılayabiliriz. Enerji testi, kendinize veya danışanınıza ait enerji alanını veya Var Olan Her Şeyin Özün test etmek için doğrudan bir prosedürdür. Aynı zamanda bir inanç programının var olup olmadığını anlamanın ve onu **bilinç**li bir farkındalığa sokmanın bir yoludur. İnanç programı daha sonra serbest bırakılabilir ve yerine yenisi yüklenebilir. Başka bir deyişle danışan, inanç programının serbest bırakıldığına ve artık yerinde yeni bir program olduğuna inanmaktadır.

Enerji testi, inanç çalışmasını kullanmaya yeni başlayanlar için ve bir şeylerin olduğunu ispatlamak isteyen danışanlar için faydalıdır. Bununla birlikte, daha dipteki anahtar veya kök inanç için kazma ile ilgili eşzamanlı etkileşime aşina olduğunuzda (daha sonraki bölümlerde daha ayrıntılı olarak inceleyeceğimiz) Danışan, etkileşim sürecinde sezgisel kuantum sıçraması yapmaya başlayacağından, her inanç için oldukça mekanik bir enerji testi işlemi kullanmak zorunda kalmayacaksınız.

En önemlisi de enerji testi aracının bize, bilinçaltına acı çekmeden erişebileceğimizi ve içinde değişiklikler yapabileceğimizi öğretmesidir. Bu programlardan yeterince sayıda değiştiğinde zihin, bizi korumasının gerekmediğini öğrenir ve sonunda bilinçaltımıza doğrudan erişime izin verilir. Bu noktada, enerji testi yapmadan kendiliğinden değişiklik yapmaya başlayabiliriz. İhtiyaç duyulan diğer değişiklikler günlük hayatımızı yaşarken, önce bilinçaltımızdaki rüyalarda veya hayallerde, daha sonra ise açık bir şekilde bilinçli zihnimize gelmeye başlar. Değişimi hâlâ biraz zor buluyor olsak da bizi korkutacak kadar boğucu olmayacaktır. Bu noktada otomatik olarak kendimiz üzerinde inanç çalışması yapıyoruz, kendi içimizde hayatımızın daha maddi yönlerini anında tezahür ettiren ve genişleten bir değişim yaratıyoruz.

Bununla birlikte bilinçaltı, inançları değiştirmek için onları serbest bırakmak konusunda rahat hissetmelidir. Dört inanç seviyesi, kapıları bilinçaltına açmanın ve aksi takdirde yerinde kalabilecek programlarda değişiklik yaratmanın bir yoludur. Bunun nedeni, bilinçaltının dört inanç seviyesi fikrini kabul ettiği durumda, değişim ve büyümeyi yaratacak bir yapıya sahip olmasıdır.

His çalışması, bilinçli zihne deneyimleyemediği veya geçmişte bir nedenden dolayı reddettiği bir hissi olabileceğinin bir önerisidir. Ayrıca bu hislerin İlahi olandan yüklenebileceği önerilir. Bu öneri ilahi bir yerden geldiği için bilinçaltının kendisine sunulan **his yüklemesi**ni kabul etmesi ve olumlu değişimi kabul etmesine izin vermesi daha olasıdır.

Bölüm 1

THETAHEALING TEKNİĞİ

Giriş bölümünde tanımladığım gibi inanç çalışması, iyileşmemizi veya ilerlememizi önleyen inanç programlarını bilinçli farkındalığımıza getirmek için önemlidir. İnançları araştırırken sizi, Theta beyin dalgasına götüren bir teknikten yararlanacaksınız ve ThetaHealing'de yeniyseniz bu bölümü, Theta tekniğinin dallarına genel bakış edinmede faydalı bulacaksınız.

ThetaHealing'in temel şifa ve **okuma** tekniklerini takip etmek gerçekten çok kolaydır. Ancak, bu prosedürlerin işleyiş tarzı görselleştirmedir, ki bu doğal olarak hemen gerçekleşmeyebilir. Bu nedenle, herhangi bir inanç çalışmasına başlamadan önce bu bölümde verilen teknikleri uygulamak iyi bir fikirdir. Bununla birlikte bulduğumuz şey, herkesin görselleştirmeyi öğrenebileceğidir ve talimatları kendi hızınıza göre uygularsanız bu konuda yetenek edinebilirsiniz.

THETAHEALING AĞACI

Şifa Çalışmaları ve okumalar, Yaradan ile bağlantı kurmaya ve odaklanmış düşünceye dayanmaktadır. Bu bağlantıya sahip olmak ve düşüncelerinize odaklanmak için önce sezgisel yeteneklerinizi tanımanız gerekir. Ardından süreci anlamak için içsel potansiyeliniz hakkında elinizden geleni öğrenin. Aşağıdaki terimler, "yukarı çıkıp Yaradan'ı aramak" için kullandığımız ThetaHealing "ağacının" ilk "dallarını" ifade eder:

- Kelimelerin ve düşüncelerin gücü
- Beyin dalgaları
- Psişik duyular ve çakralar
- Özgür irade; birlikte yaratım
- Emir veya talep (emir bilinçaltınızadır, talep Yaradanadır.)
- Gözlemin gücü görselleştirme ve tanık olmak
- Yedinci Varoluş Seviyesindeki Var Olan Her Şeyin Yaratıcısı

THETA ZİHİN DURUMU

Sürecin bir sonraki kısmı, **Theta zihin durumunu** inanç çalışmaları için hazır halde nasıl kullanacağınızı anlamaktır. Beş farklı beyin dalgası var: Beta, Alfa, Theta, Delta ve Gama. Bu beyin dalgaları sürekli hareket halindedir; çünkü beyin sürekli olarak her beş frekansta da dalgalar üretir. Yaptığımız ve söylediğimiz her şey beyin dalgalarımızın sıklığı tarafından düzenlenir.

Bir **Theta beyin dalgası** hali, çok derin bir rahatlama halidir; her zaman yaratıcı, ilham verici ve ruhsal duyumlarla nitelenen bir rüya hali. Bu durumun bilinçaltı zihne erişmemize izin verdiğine ve ilahi olanla doğrudan bir iletişim kanalı açtığına inanıyoruz.

Meditasyon yaparken ve "Yaradan" kelimesini söylediğimizde bilinçli bir Theta beyin dalgasını tutabildiğimize inanıyorum. Bu bilinçli Theta Zihin durumunda, her şeyi yaratabileceğimize, gerçekliğimizi anında değiştirebileceğimize ve bilincimizi bu ölümlü bedenin ötesine göndererek evrendeki her şeyin içinde bulunan Yedinci Varoluş Seviyesindeki "Var Olan Her Şey" enerjisine bağlanmak için kullanabileceğimize inanıyorum. Birçok çalışma (2), şifa çalışmasını yapan ve üzerinde şifa çalışması yapılan kişinin Theta Delta frekansına düştüğünü göstermiştir ve bu, bazı şifacıların vizyon deneyimlerini açıklayabilir.

Bu nedenle, inançlar için kazıya başlamadan önce –kendinize veya bir başkasına– Yedinci Varoluş Seviyesine gitmek için aşağıdaki "Her Şey Olan Enerji" meditasyonunu kullanın; bu meditasyon zihninizdeki kapıların kilidini açacak ve sizi, Var Olan Her Şey Enerjisinin en saf özü ile bağlayacaktır. Bu zihinsel yol haritası, beyninizdeki nöronları uyaracak ve sizi yaratım enerjisine bağlayacaktır.

Var Olan Her Şey Meditasyonu Yol Haritası (Genişletilmiş)

Bu meditasyon, "Varoluşun Yedi Seviyesi" kitabında verilen meditasyonun genişletilmiş bir versiyonu olup, içeriye doğru, içinizdeki Yaratıcı-benliğe (ki o en yüksek zekâya ve mükemmel sevgiye sahip olandır) ve aynı zamanda da dışarıya doğru, kozmik bilince seyahat edersiniz.

1. Bilincinizi Dünya Ana'nın merkezine, Her Şey Olanın enerjisine göndererek başlayın.
2. Şimdi enerjiyi ayaklarınızdan yukarı doğru bedeninize getirin.

3. Şimdi enerjiyi yedi çakranızın hepsinin içinden geçirin, ardından başınızın üstünden yukarıya ve dışarıya getirin. Bu enerjiyi güzel bir ışık topu olarak hayal edin ve kendinizi onun içinde görün. Ne renk olduğunu anlamak için biraz zaman ayırın.
4. Bilincinizi yıldızların ötesine yansıtın ve evrenin üzerinde yükselmeyi hayal edin.
5. Evrenin üzerindeki ışığa girdiğinizi hayal edin; bu büyük ve güzel bir ışıktır. O ışıktan geçtiğinizi hayal edin, başka bir parlak ışık, bir başka ve başka bir tane daha göreceksiniz. Birçok parlak ışık vardır, devam edin.
6. Işıklar arasında biraz karanlık ışık var; ama bu sadece bir sonraki ışıktan önceki katman, bu yüzden devam edin.
7. Sonunda büyük, parlak, altın bir ışık var, içinden geçin. Geçtiğinizde ilk önce, daha koyu olan bir enerji göreceksiniz; gökkuşağının bütün renklerinden oluşan koyu bir sıvı, jöle benzeri bir madde. Bu jöle benzeri maddeye girdiğinizde renk değiştirdiğini görüyorsunuz, burası Yasaların bulunduğu yer ve burada her türlü şekil ve rengi göreceksiniz. Uzakta beyaz, yanardöner bir ışık var; inci gibi parlak, beyaz-mavi bir renktir. O ışığa doğru yönelin. Derin mavi ışıktan kaçının; çünkü bu, Manyetizma Yasasıdır. Kanunların özünden etkilenmek mümkündür, bir sonraki ışığa geçtiğinizden emin olun.
8. Beyaz yanardöner ışığa yaklaştığınızda, pembe renkli bir sis göreceksiniz. Bu Şefkat Yasasıdır ve sizi, o özel Yedinci Varoluş Seviyesine yönlendirecektir. İncimsi beyaz ışığın, bir pencere gibi dikdörtgen şeklinde olduğunu görebilirsiniz; bu Yedinci Seviyenin girişidir.
9. Şimdi bu girişten geçin. İçinde derine gidin. Parlayan beyaz bir ışığın içinde olacaksınız. İlk başta bu ışığın

içinde, birkaç sedefli mavi ve pembe parıltı olabilir, ancak çoğunlukla bu ışık, ışıldayan kar beyaz bir ışıktır. Vücudununuz içinden geçtiğini hissedin. Hafif hissedilir, ama bir özü vardır. İçinizden geçtiğini hissedebiliyorsunuz; sanki artık kendi bedeniniz ve enerjiniz arasında ayrılık yokmuş gibi hissedersiniz. Var Olan Her Şeyi Yaratan enerji ile bir olursunuz. En Yüksek Zekâ ve En Büyük Sevginin Yaratıcısı ile bir olursunuz. Endişelenmeyin, bedeniniz kaybolmayacak, mükemmel ve sağlıklı olacaktır. Hatırlayın, burada sadece enerji vardır, insanlar ya da şeyler değil, bu yüzden insanlar görürseniz daha yukarı çıkın. "Her Şeyin Yaratıcısı" bu yerden anında iyileştiren şifalar yapabilir ve siz de hayatınızın tüm yönlerini yaratabilirsiniz.

Bu meditasyonu anladıktan ve pratiğini öğrendikten sonra, okuma ve şifa çalışmaları yapmak, inançları serbest bırakmak, değiştirmek ve kazmak için aşağıda anlatılan işlemleri kullanmaya hazırsınız. Aşağıdaki okuma ve şifa çalışması açıklamaları, "*ThetaHealing*"de anlatılanların kısa versiyonlarıdır.

Okuma

Okuma işlemi; bir şifacının, bilincini başka bir kişinin alanına beden taraması yapmak için göndermesidir. Okuma basittir:

1. Kendinizi merkezleyin.
2. Bilincinizi Dünya Ana'nın merkezine, "Her Şey Olan" enerjiye göndererek başlayın.
3. Enerjiyi ayaklarınızdan vücudunuza getirin ve enerjiyi tüm çakralardan geçirerek yukarı getirin.
4. Taç çakranızın üzerinde yukarı çıkın, yıldızları aşarak bilincinizi yukarı götürün ve evrene yansıtın.

5. Evrenin ötesine geçin, ışık katmanlarından, Altın ışıktan, Yasalar olan jöle gibi maddenin içinden geçerek Yedinci Varoluş Seviyesine, incimsi beyaz ışığa gidin.
6. Komutu veya talebi verin, "Her Şeyin Yaratıcısı, [kişinin ismini söyleyerek] ....'de okumaya tanıklık edilmesi emredilir veya talep edilir. Teşekkür ederim! Oldu. Oldu. Oldu."
7. Danışanın alanına gidin.
8. Bir ışığı yakmak için bedenlerinin içine girdiğinizi hayal edin.
9. Bedenin herhangi bir kısmı, içinden geçerken aydınlanmazsa o alanda bir sorun olabilir.
10. Bitince Yedinci Varoluş Seviyesi Enerjisi ile kendinizi durulayın ve ona bağlı kalın.

Okumadaki bir sonraki adım şifa çalışmasıdır.

Şifa Çalışması

"Her Şeyin Yaratıcısı" şifacıdır ve siz yalnızca ona şahit olan gözlemcisiniz. Şifa çalışması basittir:

1. Kendinizi merkezleyin.
2. Bilincinizi Dünya Ana'nın merkezine, "Her Şey Olan" enerjiye göndererek başlayın.
3. Enerjiyi ayaklarınızdan vücudunuza getirin ve enerjiyi tüm çakralardan geçirerek yukarı getirin.
4. Taç çakranızın üzerinde yukarı çıkın, yıldızları aşarak bilincinizi yukarı götürün ve evrene yansıtın.
5. Evrenin ötesine geçin, ışık katmanlarından, Altın ışıktan, Yasalar olan jöle gibi maddenin içinden geçerek Yedinci Varoluş Seviyesine, incimsi beyaz ışığa gidin.

6. Komutu veya talebi verin, "Her Şeyin Yaratıcısı, [kişinin ismini söyleyerek] ....'de bir şifa çalışmasına tanıklık edilmesi emredilir veya talep edilir. Teşekkür ederim! Oldu. Oldu. Oldu."
7. Danışanın alanına gidin ve Yaradan iyileştirirken tanıklık edin.
8. Şifa çalışmasını tamamlanana kadar sorunlu bölgede kalın
9. Bitince, Yedinci Varoluş Seviyesi Enerjisi ile kendinizi durulayın ve ona bağlı kalın.

Bir şifanın gerçekleşmesi için alıcının, kendini sağlıklı duruma dönüştürmek istemesi ve şifacının da bunun mümkün olduğuna inanması gerekir. Eğer kişi iyileşmek istemiyorsa veya iyileşebileceğini düşünmüyorsa şifa çalışması tekniği, inançları değiştirmek için farklı bir şekilde kullanılabilir.

İnanç çalışması, Olumsuz programları çıkarıp Her Şeyin Yaratıcısının olumlu, faydalı programları ile değiştirme becerisi ile bizi güçlendirir.

İNANÇ ÇALIŞMASI

İnanç çalışması, ThetaHealing'in merkezindedir ve alt ya da anahtar inancı kazmadan önce, bilinçaltında program haline gelen sınırlayıcı inançları değiştirmenin bir yoludur.

Programlar ve İnanç Seviyeleri

Bir inanç; beden, zihin veya ruh tarafından "gerçek" olarak kabul edildiğinde, bir program haline gelir. Bu programlar –ne olduklarına ve onlara nasıl tepki gösterdiğimize bağlı olarak– bizim yararımıza ya da zararımıza olabilir.

ThetaHealing, inanç çalışması seansında programları kaldırmak ve değiştirmek için bir rehber olarak kullanabileceğiniz, inanç programlarının düzenlendiği dört temel (çekirdek, genetik, tarih ve ruh) bölüm olduğunu öğretir.

Öz Benlik inançları

Öz Benlik inançları bizim bu hayatta öğretildiğimiz ve çocukluğumuzdan kabul ettiğimiz şeylerdir. Bu inançlar bizim bir parçamız olmuştur ve beynin ön lobunda enerji olarak tutulurlar.

Genetik inançlar

Bu seviyedeki inançlar atalarımızdan miras olarak alınır veya bu yaşamdaki genlere eklenir. Bu inançlar, fiziksel DNA'mızın etrafındaki morfogenetik alanda depolanan enerjilerdir. Bu bilgi alanı, DNA mekaniğine ne yapacağını söyler.

Geçmiş Seviye inançlar

Bu seviye, geçmiş yaşamlardan gelen hatıralar, derin genetik anılar veya günümüze taşıdığımız kolektif bilinç deneyimleriyle ilgilidir. Bu hatıralar aura alanımızda tutulur.

Ruhsal inançlar

Bu seviye, bir kişinin "olduğu" dur. Bunlar, tüm inanç programlarının en derin ve en yayılmış olanlarıdır ve kalp çakrasından başlayarak bireyin bütünlüğünden dışa doğru çekilir.

İnanç çalışması seansında bu dört inanç seviyesini, programları kaldırmak ve değiştirmek için rehberiniz olarak kullanın.

Bölüm 1'de açıklandığı gibi, dört inanç seviyesinin tümüne ilişkin inanç programlarını bulmak için enerji testini kullanabiliriz (doğru enerji test yöntemleri ve işlemleri için Bölüm 2'ye bakınız). Enerji testi, belirli bir inancın var olup olmadığını tespit etmek için, "Evet" veya "Hayır" cevabını test etmek için kullanabileceğiniz doğrudan bir prosedürdür.

Bir İnancı Değiştirmek İçin İşlem

Aşağıdaki işlem yalnızca bir örnektir. Dört seviyeden inançları salıverme işleminin tamamı, ThetaHealing'de verilmiştir.

1. Kendinizi merkezleyin.
2. Bilincinizi Dünya Ana'nın merkezine, "Her Şey Olan" enerjiye göndererek başlayın.
3. Enerjiyi ayaklarınızdan vücudunuza getirin ve enerjiyi tüm çakralardan geçirerek yukarı getirin.
4. Taç çakranızın üzerinde yukarı çıkın, yıldızları aşarak bilincinizi yukarı götürün ve evrene yansıtın.
5. Evrenin ötesine geçin, ışık katmanlarından, Altın ışıktan, Yasalar olan jöle gibi maddenin içinden geçerek Yedinci Varoluş Seviyesine, incimsi beyaz ışığa gidin.
6. Komutu veya talebi verin, "Her Şeyin Yaratıcısı, [kişinin ismini söyleyerek]'den (değiştirilecek inancın ne olduğunu söyleyin) inanç programının dört seviyenin hepsinden çekilmesi, iptal edilmesi, geçmiş seviyede çözülmesi ve Tanrı'nın ışığına gönderilmesi, yerine [Yaratıcının verdiği program ne ise onu söyleyin] programı ile değiştirilmesi emredilir ya da talep edilir. Teşekkür ederim! Oldu. Oldu. Oldu."

7. [İnanç programı ne ise] ile ilişkili program ve enerjinin çekildiğine, iptal edildiğine, geçmiş seviyede çözülerek Tanrının ışığına gittiğine ve yerine yeni programın (Yaratıcı tarafından verilen) enerjisinin yerleştiğine tanık olun.
8. Bitince Yedinci Varoluş Seviyesi Enerjisi ile kendinizi durulayın ve ona bağlı kalın.

KAZMA

Kazma, üzerine bütün diğer inançların yığılmış olduğu temel inanç için enerji testidir. Birebir seansta uygulayıcı araştırmacıdır ve danışanın ifadelerini, kök inançlarına dair ipuçlarını bulmak için test eder.

İnanç sistemini üst üste konmuş küplerden oluşmuş bir kule olarak görselleştirmeyi faydalı bulabilirsiniz. Alttaki küp, inançların geri kalanını tutan anahtar veya kök inançtır; Üstündeki diğer tüm programların köküdür. Yaratana her zaman, "Bu inanç sistemini tutan hangi kök inançtır?" diye sorun. Kök inançları arayarak ve temizleyerek saatlerce zaman kazanabilirsiniz.

Kök inanca veya programa sahip olduğunuzda kaldırılan veya çekilen programların boşluğunu dolduracak uygun programları isteyin veya bulun. Ardından kendinize veya danışana, değiştirilen bu programdan ne öğrendiğini ve en başta neden bu programa sahip olduğunu sorun. Neden en yüce ve en iyi faydamıza olmayan bir programa sahip olduğumuzu anlamak, aynı enerjiyi yeniden yaratmaktan kaçınmaya yardımcı olacaktır.

Seansın bitiminden önce, çekilip değiştirilen kök inancı bulmak her zaman en iyisidir. Ek olarak, his çalışmalarını inanç çalışması oturumu içine dahil ettiğinizden emin olun; çünkü birçok durumda hislerin yüklenmesi, en derindeki programı bulma sürecini hızlandıracaktır.

Kök İnancın Belirlenmesi

Kendi kendinize veya bir danışanla inanç çalışması yaparken, "Değiştirebileceğin bir şey olsaydı, bu ne olurdu?" diye sorun. Daha sonra belirli veya en derin konuya ulaşana kadar konuyla ilgili sorular sormaya devam edin. Danışanlarla çalışırken kişi savunmaya geçerse, kıvranmaya başlarsa veya programa tutunmaya devam etmek için bilinçaltı bir girişimde ağlarsa, kök inanca yakın olduğunuzu bileceksiniz. Sorunları bulunduğu inanç seviyesinden gerektiği şekilde çekin, iptal edin, çözün ve değiştirin.

Sorulacak kilit sorular:

- Kim?
- Ne?
- Nerede?
- Niye?
- Nasıl?

Danışanlarla çalışırken, kendi programlarınızı veya hislerinizi araştırma sürecine sokmaktan kaçının. Bu nedenle, sezgisel yeteneklerinizle birlikte başka bir kişinin "alanında" olduğunuzda, Yedinci Seviyedeki Yaratıcısının perspektifine her zaman sıkı bir şekilde bağlı kalın. Bunu yaparsanız, kişi üzerinde net bir "okuma" görürsünüz. Bazı durumlarda, danışan soru / cevap senaryosuyla sizi dolaştırır, gizler veya aynı yerlerde döndürür. En derindeki programı bulmak için sabırlı ve ısrarcı olun. Yaratana, "Daha derindeki program nedir?" diye sormak gerekebilir.

Eğer danışan inanç çalışması sırasında rahatsızlık hissetmeye başlarsa, rahatsızlık geçene kadar inançları bırakmaya devam edin. Kişinin izniyle, Yaratıcının bakış açısından güvende olmanın nasıl bir his olduğunu yükleyin. Oturuma kişi rahat olunca ve huzurlu bir tavır sergileyinceye kadar devam edin. Çoğu durumda kazma tekniği, duyguların girmesinden veya programların serbest bırakılmasından önce gelmelidir. Anlamamız gereken ilk şey, hangi nöronsal bağlantıyı değiştirmemiz gerektiğidir.

İnançlar için Neden Kazma Çalışması Yapıyoruz?

Kazmak, neyin değiştirilmesi gerektiğinin farkına varmamızı sağlar. Sinapsları değiştirdikten sonra, yeni konsepte müdahale edebilecek ilişkili kalıpları da değiştirdiğinizden emin olmalısınız. Geçmiş ve genetik seviyedeki inançların da yeni bir inancın yüklenmesini engelleyebileceğini unutmayın. Kazma yapmak, Yaradana neyin değişeceğini sormaktan daha fazlasıdır; kendi kendini keşfetmeyi veya tartışmayı içerir, çünkü konu hakkında basit konuşma eylemi, programları bilinçliliğin ışığına getirecek ve böylece kendiliğinden serbest bırakılabileceklerdir. Örneğin, neşe içinde yaşamanın nasıl bir his olduğunu ve bunu bilmeyi yüklerseniz vücudun reseptör hücreleri, mutluluk kapılarını açar. Eğer bir danışanla çalışıyorsanız o andan itibaren farklı davranmaları gerekir.

Kazma yaparken anahtar nokta, beynin yeniden programlandığı fikrine fazla odaklanmamaktır; çünkü bilinçaltı yeni programı eski programla değiştirmeye çalışabilir.

Yeni bir programla karşılaştığınızda, basitçe Yaratıcıdan onu serbest bırakmasını, değiştirmesini veya bir kısmını silmesini isteyeceksiniz. Kazma yöntemlerini ve işlemlerini aşağıdaki bölümlerde daha ayrıntılı olarak inceleyeceğiz, ancak programları hiçbir zaman uygun şekilde ayırt etmeden değiştirmeyeceğiz. İlk başta negatif bir program olarak görünebilecek olan aslında faydalı olabilir ve rastgele serbest bırakılmamalıdır. Bu işlem kolaydır! Tek yapmanız gereken anahtar soruları kullanmaktır: *Kim? Ne? Nerede? Neden? Nasıl?* Zihin daha sonra bilgisayar gibi bilgilere erişerek kazmaya başlayacak ve her soruya cevap verecektir. Unutmayın, siz veya danışan bir cevap bulmakta sıkışırsa bu geçicidir. Soruyu, yanıt gelene kadar, neden yerine nasıl olarak, vb. şekilde değiştirerek tekrar sorun. Cevap yoksa, "Yanıtı bilseydin ne olurdu?" diye sorun.

Biraz alıştırma yaparak zihnin, cevabı bulma yeteneğine nasıl erişeceğinizi öğreneceksiniz. İnanç çalışması sürecinde herhangi bir zamanda, Yaratıcının size anahtar inancı vereceği ilahi müdahaleye açık olun. Genel olarak tüm kök inançların olumlu bir yönü olduğunu unutmayın, bu yüzden hizmet ettiği amacı ve ondan ne öğrenildiğini bulduğunuza emin olun. "Aşırı kilolu olursam, duygularım güvende olur" veya "Aşırı kiloluysam en derin hislerim gizli kalır" gibi inançlar bizi acıdan korumak için elinden geleni yapıyor.

HİS ÇALIŞMASI

Belki çocuklukta veya yaşamın daha sonraki zamanlarında travma nedeniyle, bazı insanlar belirli duyguların enerjisini asla deneyimlememiştir (veya hissetme yeteneğini kaybeder). Neşe, sevmek ya da sevilmek, zengin olmanın nasıl bir his olduğu veya başka bir tanıdık olmayan hissi hissetmek için bu duyguların nasıl hissedildiğini Yaradanın göstermesi gerekir. Bazı yaratımların gerçekleşmemesinin bir nedeni de budur; çünkü istediğimizi tezahür ettirmek için bir ruh eşini, zenginliği vs. bunlara sahip olmanın hissini deneyimlemiş olmamız gerekir. Başka bir deyişle, yaşamlarımızda tezahür etmelerini mümkün kılmak için bu imkânların evrende var olduğuna inanmalıyız. ThetaHealing'de açıkladığım gibi, bir başkasına bir hissin yüklenebilmesi için gerekenler:

1. Yükleme için sözlü izin isteyin.
2. Yedinci Varoluş Seviyesinden gelen hissi yüklemek için emri verin veya Her Şeyin Yaratıcısından talep edin.

ThetaHealing'de, aynı zamanda kendi uygulayıcınız olabilir ve Yaradana giderek, his yükleme işleminin bedenimizin her bir hücresine ve dört inanç seviyesinin her birine geçmesine izin vererek kendi his çalışmanızı yapabilirsiniz. Bu hissi bir kez deneyimledikten sonra, yaşam değişiklikleri yaratmaya hazır olacaksınız.

Yaradandan gelen hisleri yükleyerek birçok yaşamın değiştiğini izledim.

Öğrenmesi pek çok yaşam süresi alabilecek olan şeyler saniyeler içinde öğrenilebilir. Her Şeyin Yaratıcısı bize bu hisleri her seviyede öğretebilir, ayrıca mantıksız korkuları da giderebilir.

His Yükleme

Hissin bilgisi yüklendiğinde; farkındalık, anlayış ve idrak yaratır. Bu hislerin sezgisel yetenekleriniz üzerinde çarpıcı bir etkisi olabilir ve fiziksel refah yaratabilir.

His İşlemi

Hisleri yüklemek için aşağıdaki işlemi kullanın.

1. Kendinizi merkezleyin.
2. Bilincinizi Dünya Ana'nın merkezine, "Her Şey Olan" enerjiye göndererek başlayın.

3. Enerjiyi ayaklarınızdan vücudunuza getirin ve enerjiyi tüm çakralardan geçirerek yukarı getirin.

4. Taç çakranızın üzerinde yukarı çıkın, yıldızları aşarak bilincinizi yukarı götürün ve evrene yansıtın.

5. Evrenin ötesine geçi; ışık katmanlarından, Altın ışıktan, Yasalar olan jöle gibi maddenin içinden geçerek Yedinci Varoluş Seviyesine, incimsi beyaz ışığa gidin.

6. Komutu veya talebi belirtin, "Her Şeyin Yaratıcısı en yüce ve en iyi şekilde, ... (kişinin adını söyleyin) ye, ...(hissi belirtin) hissinin, bedeninin her bir hücresine, dört inanç seviyesinin her birine ve yaşamının her alanına yüklenmesi emredilir. Teşekkür ederim! Oldu. Oldu. Oldu."

7. "Hissin" enerjisinin diğer kişinin alanına aktığını ve Yaratıcıdan, hissin enerjisinin bedenin her hücresine bir şelale olarak gönderilip dört inanç seviyesinin (öz benlik, genetik, geçmiş ve ruhsal) her birine yerleştiğini imgeleyin.

8. Bitince Yedinci Varoluş Seviyesi Enerjisi ile kendinizi durulayın ve ona bağlı kalın.

His Yükleme Komutları

Yaradandan hisleri yüklemek için aşağıdaki komutları kullanın.

"Nasıl hissedildiğini anlıyorum..." "Biliyorum..."

"Ne zaman olduğunu biliyorum..."

"Nasıl olduğunu biliyorum..."

"Günlük hayatımı nasıl yaşayacağımı biliyorum..."

"Her Şeyin Yaratıcısının bakış açısını biliyorum..."

"Bunun mümkün olduğunu biliyorum"

"Öyleyim..."

"Öyle yaparım..."

Diğer komutlara örnekler:

- Yedinci Varoluş Seviyesinden "Var Olan Her Şeyin Yaratıcısı" aracılığıyla [deneyimlenecek hissi söyleyin] tanımını öğretin.

Örneğin: Güvenin tanımını, Her Şeyin Yaratıcısı aracılığıyla biliyorum.

- Nasıl hissedildiğini [deneyimlenecek hissi söyleyin] öğretin. Örneğin: Güvenmenin nasıl hissedildiğini biliyorum.

- Nasıl olduğunu anlamanın [deneyimlenecek hissi söyleyin] veya [deneyimlenecek hissi söyleyin] olarak nasıl olunacağını öğretin. Örneğin: Nasıl güvenileceğini ya da güvenilir olmayı anlamanın nasıl bir his olduğunu biliyorum.

- Ne zaman [deneyimlenecek hissi söyleyin] olduğunu öğretin. Örneğin: Ne zaman güveneceğimi biliyorum.

- [deneyimlenecek hissi söyleyin] mümkün olduğunu öğretin. Örneğin: Güvenmenin mümkün olduğunu biliyorum.

- Her Şeyin Yaratıcısının perspektifini ve [deneyimlenecek hissi söyleyin] nasıl olduğunu öğretin. Örneğin: Her Şeyi Yaratanın bakış açısını ve nasıl güvenileceğini biliyorum.

Bölüm 2

ENERJİ TESTİ

Aşağıda, enerji testi için doğru yöntemi bulacaksınız. Öğrenci uygulayıcıların çoğu zaman doğru enerji testi prosedürünü takip etmediklerini fark ettim, gerek bir uygulayıcı olarak gerek kendi üzerinizde çalışırken aşağıdaki bölümü faydalı bulacağınızı umuyorum.

HİDRASYON

Enerji testinden önce, danışanın hidrolize olduğundan ve enerjisel şekilde fermuarlandığından emin olun. Bir zamanlar bana enerji testi yapılamayacağını düşünürdüm; ancak yedi bardak sudan sonra programlar için enerji testi yapabilirdim. Enerji testi yalnızca tamamen hidrolize olmuşsanız çalışır ve aşağıdaki kilit noktalara dikkat edilmelidir:

- Tansiyon, astım ilacı ve kafeinin hepsi hidrasyonu etkileyebilir, bu nedenle bir seanstan önce su içmek enerji testi prosedüründe büyük bir fark yaratabilir. İdeal hidrasyon için bir bardak suya bir çimdik tuz ekleyin.

- Su içtiğiniz halde hâlâ hidrasyon sağlanamamışsa bedeni hidrolize etmek için ellerinizi böbreklerinizin (arka kısımda, göğüs kafesinin altında) üstüne yerleştirin.
- Alternatif olarak, hidrolize olmanın en sevdiğim yolu, Yaradana gidip enerji testi için hidrolize edilmeyi istemektir.

Enerji Testi Yöntemleri

Bir danışanla mı yoksa tek başınıza mı çalışacağınıza bağlı olarak iki farklı enerji testi yöntemi vardır:

Yöntem 1

Eğer bir uygulayıcıysanız, danışanınızın başparmağını ve işaret parmağını sıkıca tutmasını sağlayın ve parmakları birbirine sıkıca kapandığında "Evet" cevabını ve parmaklar doğal olarak kendiliğinden serbest kaldıklarında "Hayır" cevabını test edin.

Bu yöntemle enerji testi yaparken dikkatli olmanız ve danışanın parmaklarını sıkıca bir arada tuttuğundan ve söylediklerine yanıt olarak parmaklarını bilinçaltı bir şekilde bıraktığından emin olmanız gerekir.

Bir "Evet" veya "Hayır" cevabını test etmek için danışanın parmaklarını çektiğinizde danışanı incitecek kadar sert bir şekilde çekmemek önemlidir. Danışanın başparmağını ve parmağını her iki elinizle sıkıca tutun ve danışan inancını yüksek sesle dile getirdikten sonra sabit baskı uygulayın. Danışanın, test ettiğiniz her bir inancı tekrar ettiğinden emin olun.

Yöntem 2

Bu enerji testi yöntemi, yalnız veya danışanlarla çalışmak için uygundur.

Kuzeye doğru durun. "Evet" dediğinizde vücudunuz öne doğru eğilmelidir. "Hayır" derken vücudunuz geriye eğilmelidir. Hiç eğilmiyorsanız, muhtemelen susuz kalmışsınızdır (Yukarıya bakın).

ENERJİ TESTİ, SEANSI TANIMLAMAMALIDIR

Enerji testi faydalı bir araç olsa da –uygulayıcı olarak veya yalnız çalışıyor olsanız da– Yaratıcının oturuma rehberlik etmesine izin vermek daha iyidir. Bazı uygulayıcılar, oturumu tanımlamanın bir aracı olarak enerji testini kullanıyorlar, ancak inanç çalışmasında sadece seansın başında ve sonunda enerji testini yapıyorum (genellikle sadece üç ya da dört kez). Bunun yerine, kendimin Yaradan tarafından yönlendirilmesine izin veriyorum.

NEYE İNANDIĞIMIZA DAİR ENERJİ TESTİ

Enerji testi yalnızca doğru olduğuna inandığımız şeydir; bu nedenle örneğin vitamin ve mineral gereksinimlerini doğru bir şekilde test edemezsiniz. Bir vitamine ihtiyacımız olursa o vitamine doğru eğileceğiz; çünkü beden doğal olarak ihtiyaç duyduğu maddelere doğru çekilecektir. Bu nedenle, canınız çikolatalı pasta çekiyorsa bu, bedeninizi selenyum ve serotonin ile takviye etmeniz gerektiğini gösterebilir. Canınız kek veya unlu mamuller çekiyorsa muhtemelen potasyum istiyorsunuzdur, bu yüzden bunun yerine karpuz yemelisiniz. Aynı şekilde enerji testi, bir kişinin neye ihtiyacı olduğunu veya neler olduğunu öğrenmek için kesin bir yöntem değildir.

Gerçek şu ki beden, bir mineralin veya vitaminin ne olduğunu bilmiyorsa bunun için doğru bir enerji testi yapmayacaktır. Örneğin, takviyeler için enerji testi yapmak üzere bir sağlık marketine gidebilirsiniz, ancak mineral molibden (çelikte alaşım oluşturmak için kullanılan ağır bir metal) için enerji testinde pozitif sonuç almanız pek mümkün değildir. Bununla birlikte molibdenler, asetaldehit adı verilen bir mayanın fazlalığından olan atık ürünü bedenden atmak için küçük dozlarda ek gıda olarak kullanılır.

Bunu açıklamanın başka bir yolu da kişisel bir hikâyemde geçiyor. Vücudum potasyumumu doğru şekilde özümsemediğinden ona ne zaman ihtiyacım olduğunu hep test ederim. Bununla birlikte potasyumu takviye olarak alamam, bu yüzden muz gibi doğru yiyecekleri yemem gerekir.

Elli farklı bitkisel kombinasyon için enerji testinin pozitif cevap vermesi kolaydır; fakat bitkiler, tek seferde bir veya iki ot kullanarak basit formlarda daha iyi çalışırlar. (Aynı zamanda, bitkilerin sürekli kullanılmaması gerektiği ve kullanımın bir seferde yalnızca birkaç ay olması gerektiği kanısındayım.)

Ayrıca, danışan-uygulayıcı uyumu da enerji testinin doğruluğunu etkileyebilir. Bunu göstermek için bir fincana terebentin koyardım ve öğrencilerimden birinin fincanı elinde tutmasını sağlardım. Sonra onlara ihtiyaç duyup duymadıklarını anlamak için enerji testi yapmalarını isterdim ve tabii ki bana çok güvendiklerinden, enerji testleri "evet" cevabı verirdi.

Bu yüzden, neye ihtiyacınız olduğunu Tanrıya sormaya alışmalısınız. Takviyeler ve diğer reçeteler söz konusu olduğunda, bunların alınan diğer ilaçlarla etkileşime girmemesini sağlamak sizin sorumluluğunuzdadır.

SORUNDAN KAÇINMAK

Danışanlarla çalışırken yanıtı test ettiğinizde, parmaklarını sıkıca bir arada tutmalarını isteyin. Bununla birlikte, parmaklarını çok sert veya yumuşak bir şekilde çekmemeye dikkat edin; çünkü bu onların tepkisini değiştirebilir.

Ayrıca bazı kişilerin, enerji testini etkileyerek bu sorundan kaçınmaya çalışacaklarının farkında olmak önemlidir; özellikle de konu onlar için hassassa. Bu nedenle, işlemi manipüle etmek amacıyla parmaklarını açmaya veya kapatmaya çalışmadıklarından emin olmak için danışanı dikkatlice izleyin. Bu olursa danışanı nazikçe kazma işleminin sonucunu değiştirmeye çalıştıklarının farkında olup olmadıklarını anlamalarını sağlayın ve enerjiyi tekrar test edin. Danışana, yanıtı test ederken parmaklarını sıkıca bir arada tutmasını söyleyin.

HIZLI GÖZ HAREKETİ

Danışanlarla çalışırken gözlerinizi gevşetin ve bir rüya görüyormuş gibi doğal hareket etmelerine izin verin. Theta durumuna girmek veya birinin inancını değiştirmek için gözleriniz geriye dönerken hızlı bir göz hareketine sahip olmak gerekmez. Bu, danışanların kendilerini rahatsız hissetmelerini sağlayabilir.

GÖZLER AÇIK, GÖZLER KAPALI...

Bazı danışanlar, beynin farklı işlevleri nedeniyle gözleri açık olduklarında farklı enerji test ederler. Gözler kapalıyken kişi, daha rahat bilinçaltına bağlanır. Gözler açıkken kişi savunma modundadır. Danışanı gözleri açıkken de yükleyebilirsiniz; ancak bir inanç için enerji testinden önce gözlerini kapatmalarını isteyin.

Kök inancı veya programı temizleyip temizlemediğinizi belirlemek için danışana gözleri kapalı olarak enerji testi yapın. Yaradana kök inancı sormaya devam edin ve programı kaldırın, ardından danışanı gözleri açık ve kapalı olarak yeniden test edin.

Hangi enerji testi yöntemini kullanırsanız kullanın, doğru enerji testini sadece gözler kapalıyken yapabilirsiniz.

ENERJİ BALONU: ENERJİ ALANINI GEÇMEK

Bedenimizin "enerji balonu" veya "aura alanına" karşı çok hassas olduğumuzu anlamak faydalı olacaktır. Her birimizin etrafında elektromanyetik bir baloncuğu var ve bu alana giren birine karşı duyarlıyızdır. Bu nedenle, danışanlarla çalışırken vücut hareketlerinizin bir şekilde, onların bedenlerinin orta bölümünü "geçerek" enerji alanlarına müdahale etmemesine dikkat edin; çünkü bu, inanç çalışması üzerinde bir etkiye neden olabilir.

Bu aynı zamanda danışanın enerji alanının içine girmeden veya doğrudan önünde oturmamızın nedenidir; çünkü bu şekilde enerji testlerinde aura alanına müdahale edemezsiniz. Ayrıca, alanlarındaki herhangi bir açıklığı onarmak için danışanın aura alanını elinizle, yukarı ve aşağı hareketlerle "fermuarlamanız" gerekir.

YÜKSEK SESLE İFADE EDİLEN PROGRAMLAR

İster yalnız ister danışanlarla çalışıyor olun, her inanç programını sözlü olarak yüksek sesle söylemeden enerji testini doğru şekilde yapamazsınız. Aynı şekilde bir inancı sadece düşünerek de enerji testini doğru şekilde yapamazsınız. Danışan / siz, her bir inancı yüksek sesle tekrarlamıyorsanız şunu unutmayın; sözlü olarak ifade edilmeyen herhangi bir inanç için enerji testi, geçersizdir.

Bölüm 3

İNANÇ ÇALIŞMASI VE KAZMA: GEÇMİŞ, ŞİMDİ VE GELECEK

Bir arkadaşınıza, "Sinemaya gidelim," dediğinizde bu, kendinizi ve arkadaşınızı geleceğe yansıttığınız anlamına gelir. Arkadaşınız, "Bir-iki dakikaya ihtiyacım var," diyor. Bu ne anlama geliyor? "Bir-iki dakika" ifadesini düşünün…

Bu basit ve günlük ifade, arkadaşınızın "şu anda" olduğu ve aynı zamanda "geleceğe" yansıdığı anlamına gelir. Bunun anlamı, yaptığımız ve söylediğimiz her şeyin bizim kim olduğumuzun tanımı olmasıdır. Geçmişimiz, bugünümüz ve geleceğimiz, tamamen zamanın yanılsaması ile ilgilidir. Beyinlerimiz gerçeği bu şekilde kabul etmek için tasarlanmıştır.

İnsanlar sınıfa gelip, "Vianna, sadece şu an yaşıyorum, geçmişi hatırlamak zorunda değilim," der; ama aslında şu an yaptığımız her şey, geçmiş deneyimlerimiz ve geçmişimizin anılarıyla ilgili. Bütün dünya geçmişe dayanıyor.

Ne yaptığımızı, ebeveynlerimizin ne yaptığını, başkalarının bizden önce ne yaptığını ve bu eylemlerin şimdi bizi nasıl etkilemeye devam ettiğini ve böylece geleceği yarattıklarını öğreniyoruz. İnsanlar şöyle dediğinde, "Ben geçmişte veya gelecekte değil, şimdide yaşıyorum. Ben şu an içinde yaşamıyorum, sadece şu anı yaşıyorum," cevabım şöyle olur; "Şu an gerçekten yaşamak gibi bir şey yok; çünkü 'şimdinin' farkına vardığın zaman 'şimdi' çoktan geçmişte kaldı. Şimdi yaşayabileceğiniz tek yol, geçmişin ne olduğunu ve gelecekte neyin yaratıldığını bilmektir. İyi bir sezgisel ve iyi bir şifacı olmak istiyorsanız geleceğinizi yaratabilmeniz gerekir. Geleceği yeniden yaratmak, bazılarımızın burada olmasının nedenidir."

Bence bazı insanlar, harika kitaplar okuyor ve hayatlarında nerede olduklarına odaklanmalarını sağlayacak kurslar alıyor. Bu fikirler onlara her nefeste, her saniyede eğlenmelerini ve şimdiyi kutlamaları söyler. Ancak bu, gelecekte ödenecek faturalarınızı ödemeye odaklanmayı kaybetmeniz veya sizin geçmiş eylemlerinizin ve deneyimlerinizin bir ürünü olduğunuzu unutmanız anlamına gelmez.

İnanç çalışması sürecinde, geçmişte yaratılmış olan birçok inanç sistemini deneyimliyoruz. Yaptığımız şeyleri yapma sebebimizin çoğunun, geçmişimizden kaynaklandığını anlıyoruz (Çocukken bilinçaltı programları oluşturan davranışlardan). Bu inançları keşfettikçe gelecekteki benliğimiz için belirli davranış ve alışkanlıkları, bir yetişkin olarak değiştirebiliriz.

Bildiğimiz en akıllı bilgisayar insan beynidir. İnsan vücudu dediğimiz müthiş hayat destek sistemi içerisinde aldığınız ilk nefesten itibaren beyniniz, size olan her şeyi kaydetmeye başlar. Bilinçaltınız, yaşamınızın yaklaşık yüzde 90'ını çalıştırır ve zaman içinde bir şeyleri analiz eder, onlardan öğrenir ve onları bir davranış kalıbına sokar. Bilinçaltı, davranışları "kötü" veya "iyi" olarak sınıflandırmaz, onları sadece öğrenme deneyimleri olarak kabul eder.

ThetaHealing'de, yukarı çıkıp komut vererek tüm olumsuz davranışlarınızı veya kötü davranışlarınızı yok edemezsiniz. Beyin o şekilde çalışmıyor.

Mesela, anneniz çocukken sizi dövdüğünde, "Seni seviyorum," dediyse beyin, "sevginin" acı ve stresle ilişkili olabileceğini hesaplar. Bu nedenle bir program, âşık olmanın, aşka sahip olmanın veya birisinin "Seni seviyorum" demesinin biraz tehlikeli olduğunu gösterebilir. Bu, inanılmaz derecede akıllı bilinçaltının bu davranışları yaratmasının bir yoludur.

ThetaHealing'de inanç çalışmalarını, geçmişteki hatıralarımızı silmek için kullanmıyoruz; ama onların farkında olmaya yardımcı oluyoruz, ancak böylece çözülebilirler. Anılarımız bizim kim olduğumuzu belirler ve her bir yaşam deneyimi önemlidir. İnançları kazmak bize; geçmiş, şimdi ve gelecek hakkında farkındalık geliştirmenin bir yolunu sunar.

GEÇMİŞİ ANLAMAK

Genetik düzeyde inançlarımız, biz doğmadan önce oluşur. Bedenimizin DNA'sı atalarımızdan ve taşıdıkları inançlardan gelir (yaşamlarında onlara yardım eden inançlar). Atalarımızın kendi zamanlarında verdikleri kararlar, gelecekte de torunlarını etkilemeye devam edebilir. Bu inançlar, DNA'ları aracılığıyla sonraki nesillere gönderilmiş olabilir ve muhtemelen onların soyundan gelenlerin tamamını etkileyebilir.

Atalarımız her türlü genetik bilgiyi sonraki nesillere geçirirler ve hepsini ayırt etmenin en iyi yolu, bir nimet olan inanç çalışmasıdır. İnanç çalışmasıyla genetik seviyede, yedi kuşak ileri ve yedi kuşak geri çalışabiliriz. Önemli olan atalarımızın bize verdiği iyi şeyleri ortaya koymak ve onları büyütmektir.

Yüzyıllar geçtikçe inançlar, DNA'mızın genetik seviyesinde birikir. Bu inanç birikimi bizi şimdi etkileyebilir; çünkü geçmiş, sadece bizim geçmişimiz değildir; bugün sadece bizim değildir ve gelecek, sadece bizim geleceğimiz değildir. Eskideki atalarımıza, şimdiki çocuklarımıza, akrabalarımıza ve gelecekteki torunlarımıza birçok insanın tam olarak anlamadığı bir şekilde bağlıyız.

Her şeyin birbiriyle karşılıklı bağlantısı vardır ve bu, DNA'mızla ilgili sınırlı zaman algımızı da içeriyor.

Geçmiş hatalarımızdan öğreniyoruz. DNA'mıza entegre olan inanç sistemlerinin çoğu gerçekte bize hizmet ediyor. Mesela, atalarımız nasıl hayatta kalınacağını öğrendiler, yoksa burada olmazdık. Doğduğumuzda atalarımızdan doğal alarak aldığımız birçok beceri arasında, insanlara yardım etmenin doğal arzusu var. Gelişmek için birlikte çalışmak zorunda olan bir kabile toplumunda başkalarına yardım etmek, iyi bir hayatta kalma stratejisidir. Bu özellikle, herhangi bir şekilde şifacıysanız, doğrudur; İnsanlara yardım etmek için içsel bir arzunuz olduğunu ve muhtemelen bu genetik eğilime sahip olduğunuzu öğrendiniz.

Kendinize sorun: "Sizi; **öz benlik, genetik, geçmiş ve ruhsal** seviyede etkileyen hangi inançları miras aldınız?" Bu soru, geçmiş seviyede kazma çalışmaları yaparak cevaplanabilir.

Kendi gerçekliğimizi yarattığımıza inanıyoruz. Öyleyse kendi gerçekliğinizde kendinize sorun:

- Şu an hayatınızda ne yaratıyorsunuz? Neden şu andaki durumunuzdasın?

- İyi bir durumda mısınız ve gerçekten mutlu musunuz?
- Her gün kalkıp, "Yaşamaktan mutluyum!" diyor musunuz? Bu mutluluğu gün boyu sürdürüyor musunuz yoksa kendiniz ve etrafınızdakiler hakkında mutlak bir eleştiri anınız mı var?
- Kendinize veya başkalarına kızgın mısınız?
- Aileniz istediğiniz gibi olmadığı için mi üzgünsünüz?
- Bir arkadaşınız veya bir başkası sizi incittiği için üzgün müsünüz?

Yukarıdaki soruları nasıl cevapladığınızın genetik programlarınızla bir ilgisi olabilir ve atalarınızın nesillerindeki aynı inanç yapısına sahip olabilirsiniz. Birçok insan, nesiller boyu öğretilen aynı inanç sistemlerini edinen ailelerden geliyor. Bu eski kalıpları değiştirmek, ruhsal özünüzün inançlarınızı değiştirme gereğini fark etmesiyle ortaya çıkar. Kendinizi tüm gün boyunca duygusal olarak yükselip düşerken mi buluyorsunuz veya günde en az üç kez böyle buluyor musunuz? Eğer öyleyse, duygusal iniş ve çıkışlarınız bir kalıp mıdır yoksa her gün tamamen farklı mıdır?

GEÇMİŞTEN GELEN PROGRAMLARIN FARKINDA OLMAK

İnançları üzerinde çok uzun süre çalışmış ThetaHealing Uygulayıcıları ile konuştuğumda genellikle, her olumsuz inancı temizlediklerine kesinlikle inanıyorlar. Bu doğru; çünkü beynimiz her şeyin olumsuz olmadığını düşünüyor. Gerekli tüm inanç çalışmalarını yaptıklarını düşünüyorlar ve bu yüzden hayatın neden hâlâ istedikleri gibi gitmediğini anlamıyorlar. Bana, "Bütün inanç çalışmalarımı yaptım. Neyi yanlış yaptığımı bilmiyorum," diyorlar. Unuttukları şey şimdiki zaman ve gelecek için çalıştıkları, geçmişleri için değil. Geçmişleri sadece onlar hakkında değil, aynı zamanda atalarının inançlarından da etkilenmiştir.

Herhangi birine güvenmekten korktuğunuza ya da yaşamın üzüntüyle dolu olduğuna veya her zaman savaşmaya hazır olduğunuza inanıyor olabilirsiniz. Neden bu inançlara sahipsiniz? Onları içinizde taşıyan şey nedir veya neden onlara karşı eğiliminiz var?

İnanç Çalışması Birinci Örneği

Danışan: *Her zaman her şey için savaşmalıyım.*

Vianna: *Bu ne zaman başladı? Her zaman savaşmak zorunda olduğun hissi ne zaman başladı?*

(Ben bu soruyu sorduğumda danışan tıpkı diğerleri gibiydi; konuşmadan önce bir dakika geçmişe geri döndü.)

Danışan: *Ah, hatırlamıyorum, her zaman oradaydı.*

Vianna: *Eğer hatırlasaydınız, ne zaman başlamış olurdu?*

Danışan: *İki yaşımdayken başladı, kardeşimin gelip beni dövdüğünü hatırlıyorum ve savaşmadan beni dövmesine izin verirsem başım büyük belaya girer – fiziksel, zihinsel ve duygusal olarak – bu yüzden nasıl savaşılacağını öğrendim.*

Vianna: *Bu gerçekten başladığı zaman mı?*

Danışan: *Evet, sanırım.*

Vianna: *Bundan ne öğrendin ve bundan ne elde ettin?*

(Bunların hepsi, danışanın çocuk olduğu zamandan gelmesine rağmen bazen insanlar, çocukluk deneyimlerinden daha da derine inecektir.)

Danışan: *İnandığım şey için savaşmak zorunda olduğumu öğrendim.*

Vianna: *Bunu nereden öğrendin?*

Danışan: Bilmiyorum, sadece her zaman dövüştüğümü hatırlıyorum.

Vianna: Peki, bununla ilgili ne tür anılarınız var?"

Danışan: Dedem, Birlik tarafında İç Savaşta savaştı. Büyükannem Konfederasyon tarafındaydı, bu yüzden aralarında hiçbir zaman barış olmadı.

Bu tür soruları tekrar tekrar sormaya başlarsanız, insanlar kendilerini geçmişteki atalarının inançlarına doğru ilerleteceklerdir. Ayrıca, bulunduğumuz zaman ve yerden çok daha derinde cevaplar bulabiliriz ve bu, kendi genetiğimizi anlamaya da yardımcı olabilir.

DNA karışımınızı bilmiyorsanız bunun; Avrupa, Asya, Afrika ve Amerikan Yerli mirası oranlarınızla nasıl ilişkili olduğunu bulmak için bir DNA testi yaptırabilirsiniz. Edinilen bu bilgileri, atalarınızın inançlarının kilidini açmak için kullanabilirsiniz.

Geçmiş seviyesinin derinliklerine inmemize yardımcı olabilecek diğer bir yol; farklı kalıpların nerede başladığını ortaya çıkarmaya yardımcı olan "kristal serme" seansıdır. İnanç kalıbının atalarınızdan geldiğini anlamak için nerede veya nasıl başladığını hatırlamak zorunda değilsiniz. Sonra şunu sorabilirsiniz: "Bu inanç, bana şimdi hizmet ediyor mu?" Hizmet etmediğini fark edebilirsiniz.

ATALARIN ÖNYARGISI

Bu Dünyada bize hizmet etmeyen şeylerden biri de önyargıdır; fakat yüzlerce hatta binlerce yıl öncesine dayanan ve artık modern hayatta bize hizmet etmeyen atalara ait önyargıları taşıyabiliriz. Oysa bu önyargılar genetik seviyede, bilinçaltının içinde çok derinde gömülüdür. Kazma yapmaya başladığınızda geçmiş, şimdi ve geleceğin birbiriyle nasıl bağlantılı olduğunu görürsünüz. Öğrenilmesi gereken tek şey şefkat, iyi kalplilik ve iletişim kurma yeteneğidir; bunlar gezegene şimdi ve gelecekte yardımcı olacak şeylerdir.

Atalara ait önyargıları belirlemek için, “Önyargın olmasaydı ne olurdu?” diye sorarak başlayabilirsiniz.

Danışanın, “Bu insanlar beni ele geçirebilir?” çizgisi boyunca yanıt vermesi muhtemeldir.

Buna cevaben, “Bu sizin hisleriniz mi yoksa başka bir şeyden mi geliyor?” diyebilirsiniz.

Daha sonra aşağıdaki programlar için enerji testi yapın:

“Bu ırka önyargılıyım.”

“Bu ırk tarafından ele geçirileceğimden korkuyorum.”

“Bu ırkın beni yok edeceğinden korkuyorum.”

Enerji testi bu veya benzer programlar için pozitifse muhtemelen geçmişten gelir ve değiştirilebilirler.

GÖZLER: GENETİK İNANÇLARA AÇILAN BİR PENCERE

Gözlerle ilgili birçok konu, bilinçsizce taşıdığınız eski genetik inançlar olabilir. Gözler ruhun pencereleridir ve ilgili inançları temizlemeye başlarsanız görme yeteneğiniz de gelişebilir.

Aşağıdakiler, gözler ile ilişkilendirilebilecek bazı inançlardır. Bu programlar için enerji testi, gözler kapalı olarak yüksek sesle yapılmalıdır:

- “Benim gördüklerim sadece görmek istediğim şeylerdir”
- “İnsanlar beni aldatıyor.”
- “Umutsuz hissediyorum.”
- “Sevgisiz hissediyorum.”
- “Kimse beni gerçekten tanımıyor.”
- “Kimse beni gerçekten göremez.”

- "Ben görünmezim."
- "Ben geçmiş hatalarımım."
- "İntikam beni tüketiyor."
- "Gelecekten korkuyorum."
- "Şimdiden korkuyorum."
- "Başkalarının alanını görüyor ve saygı duyuyorum."
- "Diğer insanlar bana saygı duyuyor ve beni görüyor."
- "Etrafımdakiler tarafından çiğnendiğimi hissediyorum."

Enerji testi bu programlara "Evet" cevabı veriyorsa, inanç çalışmasına ihtiyacınız olabilir.

Kendinizle veya bir uygulayıcı ile çalışıyor olsanız da sorunun nasıl ve ne zaman başladığını anlamak için aşağıdaki soruları sorun:

- Bu inanç ne zaman başladı?
- Yakın zamanlarda mı başladı?
- Çocukluğunuzda mı başladı?
- Sizin deneyimlemenizle mi başladı yoksa bu bir hakikat mi?

Kişiyle ilgili olarak bu bir gerçekse, muhtemelen genetiktir ve ataları muhtemelen pek çok aldatıcı insanla uğraşmak zorunda kalmıştı. Örneğin, eğer birileri "insanlar beni aldatıyor," inancına sahipse, şöyle sormalısınız, "İlk ne zaman insanların sizi aldattığına inandınız?"

Cevap, "Sekiz yaşındayken aldatıldığımı hissettim," olabilir.

Danışan, çocuk olarak aldatıldığını anladığında neden kimseye güvenmediğini de anlar. Kendilerini aldatan insanları çekmeye devam ettiklerini de anlarlar; çünkü bu öğrendikleri bir şeydir. Bir sonraki adım, onlara saygı duyulmanın nasıl bir his olduğunu öğretmektir.

Danışan, "İnsanlar beni her zaman aldatır, bu insanların her zaman yaptığıdır," derse, o zaman bunun eski bir genetik inanç olduğunu anlarsınız. Danışanın atalarından bazıları, tamamen saygı duyulmanın nasıl bir his olduğunu bilmiyordu. Aldatıldıkları doğru olabilir; ama eğer herkesin onları aldattığına inanıyorlarsa çekecekleri insanlar bunlar olacaktır.

Dünya her çeşit harika insanla doludur, fakat sizi aldatacaklarına inanırsanız bir mıknatısa gelir gibi size geleceklerdir.

Sonra şunu sorabilirsiniz: "İlerlemek için bu inancı serbest bırakmak gerekli mi?" Ardından aşağıdaki inançları test edin:

"Beni aldatmadan önce insanları görebiliyorum."

"Beni aldatan insanlardan kaçınabilirim." Bu programlar enerji testine "Evet" yanıtı veriyorsa danışan, aldatan insanlardan kaçınmayı öğrenir. Test "Hayır" yanıtı veriyorsa danışanın hücrelerine, bu dersi bitirip devam etmenin nasıl hissedildiğini doğru yüklemelerle yeniden deneyin.

Bölüm 1'de açıklandığı gibi (bkz. Sayfa 17), yüklemeler Yaradan aracılığıyla hisleri aktarmanın bir yoludur. Bedene ve zihnine bir şeyleri yapmanın ve düşünmenin farklı yollarını öğretmenin yanı sıra inanç çalışmasına da yardımcı olur. Çok fazla sayıda his yüklemek ve bunun sonucunda da yaşam hakkında daha iyi hissetmek mümkündür; ancak mevcut realitenizi neden yarattığınızı her zaman anlamalısınız.

İnanç Çalışması Seansı 1: Geçmiş, Şimdi ve Gelecek

İnanç çalışmasına ilk başladığımızda, danışanın üzerinde çalışmak istediği davranışlar, düşünceler veya belirli kavramlar için enerji testi yapabiliriz.

İlk sorunuz, "Ne üzerinde çalışmak istersiniz?" olmalı.

Danışan, "Neden para kazanamıyorum konusunda çalışmak istiyorum," diye cevap verebilir. Bu, "Kim? Ne? Nerede? Neden? Nasıl?" sorularını kullanarak müşterinin beyninin bilgisayar bölümü ile temasa geçebileceğiniz zamandır. Aşağıdaki örnekte gösterildiği gibi:

Vianna: *Neden para kazanamıyorsun?*

Danışan: *Çünkü para kötüdür.*

"Para kötüdür" programı genellikle geçmişte yaratılmıştır. Beynin bilinçaltı kısmına her temasta, "Neden?" diye sormalısınız. "Nasıl oldu? Ne? Ne zaman? Nerede?" sorularıyla danışana, geçmişine nasıl geri döneceğini ve bu davranışların nereden geldiğini gösterirsiniz:

Vianna: *Neden paranın kötü olduğuna inanıyorsun?*

Danışan: *Para kötüdür; çünkü yalnızca üniversiteye giden insanlarının parası vardır ve üniversite kötüdür.*

(Söylediği şey, üniversiteye gidenlerin paralarının olduğu.)

Vianna: *Bu senin için ne anlama geliyor?*

Danışan: *Eh, koleje gidecek kadar akıllı değildim, koleje giden insanlar benden daha fazla avantaja sahipti ve ben salaktım, ben aptaldım.*

Vianna: *Tamam, bu nerede başladı?*

(Danışanı zihninde geriye dönerken izledim.)

Danışan: *Ben küçükken başladı. Annem her zaman bana aptal olduğumu söylerdi.*

Vianna: *Tamam, neden aptal olduğunu hissediyorsun?*

(Zamanda geri döndü.)

Danışan: *Çünkü ben bir hatayım, hiç doğmamalıydım.*

Vianna: *Neden hiç doğmamış olmalısın?*

Danışan: *Çünkü beklenmeyen bir çocuktum. Hiç doğmamalıydım.*

Tam orada, "Hiç doğmamış olmalıydım," kök inancı var ve parayla ilgisi yok. Kök inancı bulduğunuzda şimdiki zamana getirin.

Vianna: *Bu şimdi size nasıl hizmet ediyor?*

Danışan: *Pekâlâ, bir hata olduğum sürece gerçekten denemek zorunda değilim. Bir hataydım; öyleyse bundan daha fazlası olmak için hiçbir baskıya sahip değilim.*

(Bu, danışanın inanç zincirinin günümüze geldiği yerdir.)

Vianna: *Bunu değiştirirseniz ne olacak? Bunu değiştirirsek ve gerçekten değerli olursan, ne olacak?*

Danışan: *Eğer önemliysem, bir şey olursa ve hayatımı değiştirirse o zaman sorumlu olmalı ve hayatımla ilgili bir şeyler yapmalıyım; ama başarısızlıktan korkuyorum.*

(Bu danışanın geleceğe gittiği yer.)

Gördüğünüz gibi inanç çalışmaları geçmişten günümüze ve geleceğe geliyor. Yalnızca "şimdiye" odaklanırsak danışan, değişime ve büyümeye açık olmaz.

İnanç Çalışması Seansı 2: Gelecek Çalışması

Doğası gereği yaratım, değişimi veya yaratımları geleceğe yansıtmanın bir yoludur. Bu, inanç çalışmaları ile ilgili olarak Danışana, yaratımlarının ileride onlar için ne anlama geleceğine dair bir farkındalık sunabilirsiniz.

Vianna: İstediğin kadar paraya sahip olsaydın ne yaratırdın?

Danışan bu soruyu düşünüyor ve zihninde geleceğe gidiyor.

Danışan: Büyük başarılı bir şifa merkezi yaratırdım.

Ancak danışanlar, zihninde bunu oluşturmaya başladığında şifa merkezine sahip olmanın gerçekte ne anlama geldiğini düşünmeye başlarlar.

Danışan: Eğer bir şifa merkezi kurarsam her zaman orada kalmak zorunda kalacağım. Her zaman orada olmak zorunda kalırdım. Asla özgürlüğüm olmazdı. Asla kendim için zamanım olmaz.

Bu, yaratımı kullanan gelecek-inanç çalışmasıdır ve yukarıdaki örnek, bilinçli zihnin bilinçaltı zihne yaratımın sonuçlarını ve birçok sonucun ortaya çıkmasının mümkün olduğunu anlamasına yardımcı olduğunu göstermektedir. İlk olarak bilinçaltı, bu yaratımı engelliyor olabilir; çünkü onu bir tehdit olarak algılamaktadır. İkincisi, danışanın üzerinde çalışılacak korkuları ve inançları sınırlayabilir. Üçüncüsü, bu yaratımı istemiyorlardır.

Kendimizi (bir şekilde) esenliğimizi koruyacak bazı durumlara ve ortamlara koyarız. Gerçekte bu durumlar, geleceğe doğru ilerlememizi önler.

Hayatınızda şu andaki duruma bakarsanız ve şimdiki anın içinde olursanız, "Bu durum şu anda bana nasıl hizmet ediyor?" diye sormayı bırakabilirsiniz. Sonra bu durumdan öğrendiğiniz tüm farklı şeyleri ortaya çıkarabilirsiniz. "Durum değişirse ne olur?" diye sorarsanız gelecekte neyin değişebileceği konusundaki tüm korkuların farkında olabilir ve üzerinde çalışabilirsiniz.

Korkular geçmişte başlayabilir; fakat her zaman gelecekte de vardır. Bilinçaltı en olası sonucu tahmin etmek için geleceğe yolculuk etmeye başlar. Olabileceğini düşündüğü olayların, olası bir senaryosuna başlar. Daha sonra zihin çalışmaya devam eder ve geleceğe dair spekülasyonlar yapar ve şunu düşünür: Eğer bu gerçekleşirse o zaman bu olacak ve eğer bu gerçekleşirse bu olacak ve sonra böyle olacak diye devam edecektir. Bunu yaparak korku ile yüzleşirsiniz ve daha sonra onun içinden geçersiniz.

ELEŞTİRİ PROGRAMLARI

ThetaHealer'lar olarak günlük yaşamımızda hissettiğimiz ve yaşadığımız her şeyin inanç sistemlerini araştırmalıyız. Sabah kalktığınızı ve çocuğunuz, olmasını istediğiniz gibi olmadığı için kızdığınızı fark ederseniz, eleştiriye eğilimli genetik bir miras almış olabilirsiniz. Ancak, eleştirinin aynı zamanda doğal hayatta kalma mekanizmalarımızdan biri olduğunu hatırlamakta fayda var; çünkü eleştirellik iyi kararlar vermemize yardımcı oluyor, güvende kalmamız ve gerektiğinde temkinli olmamızı sağlıyor. Aslında başkalarını, kendi ahlakımızla, kendi ideallerimizle karşılaştırabilme ve şunu söyleyebilme yeteneği, "Olmak istediğim bu değil," bu, atalarımızdan öğrendiğimiz birçok harika inançtan sadece biri. Ancak zaman içinde kendimizi ve başkalarını fazlasıyla eleştirmek, ne olmak istemediğimizi yargılamaktan ve en olumsuz aşağılayıcı duygulardan biri olmaktan daha ileri gidebilir; enerjimizi her şeyden daha fazla düşürme yeteneğine sahiptir ve bizi sadece belirsizlik ve boşluk içinde tutmaya hizmet eder.

Öyleyse, yerinde yargılama hayatımızın belirli kısımlarında yardımcı olabilir. Özellikle de bir sinema eleştirmeni iseniz, bu tür bir yargıya devam etmek isteyebilirsiniz; ama ebeveynlerinizi, ailenizi, kardeşlerinizi, arkadaşlarınızı ve diğerlerini yargılamakla fazla meşgulseniz; şifayı, dünyanızı ve gerçekliğinizi yaratmada kullanılabilecek muazzam miktarda enerjiyi buna harcıyorsunuz demektir. Beyninize neden buna ihtiyaç duyduğunu sorarsanız, beyniniz 'Değişmezsem başarısız olmak zorunda değilim, denemek zorunda değilim, hiçbir şey başarmak zorunda değilim, böyle hareket etmeden durabilirim," mesajını verebilir.

Bizi dondurup ilerlememizi durduran inançların en önde gelenleri, kendimize ve diğerlerine olumsuz eleştiridir.

Aslında bazı insanlar çevrelerine "Doğru yapmazsam herkesin dikkatini çekecek," gibi bir düşünce formu yayarak diğerlerinin onları eleştirmesini sağlayan bir sinyal gönderir. Bu davranışı değiştirmek daha iyi olmaz mıydı?

Kök inancı kazmak için aşağıdaki soruları kullanın:

- "Ne zaman başladı?"
- "Size nasıl yardımcı olur?"
- "Sizi hareketsiz, boşlukta tutmak dışında sizin için ne yapar?"
- "Sizi hareketsiz, boşlukta tutması sayesinde mi dinlenebiliyorsunuz?"
- "Sizi hareketsiz, boşlukta tutması sayesinde mi birkaç gün daha denemek zorunda değilsiniz?"
- "Kendinizi iyi hissettiriyor mu?"

ThetaHealer'lar olarak içeri girip başkalarının hayatlarını görmenin bir yolunu bulduk. Başka birinin hayatını sezgisel olarak görebilirseniz, o an onları eleştirmeden yaşamayı öğrenirsiniz. İçlerine baktığınızda ve onlara önyargınız olmadığında ya da eleştirmediğinizde onların kalbinin gerçek niyetini görebilirsiniz. Kalbin gerçek niyetini görebilirsek kendi içimizde tamamen yükselerek değişiriz. Tamamen yükselerek dönüşürsek ne olur? (Bu gelecekte soru sormanın yoludur.)

Eğer tamamen yükselirsek o kadar çok değişiriz ki; bu gezegende kalmak istemeyebiliriz: Gelişir, daha yüksek bir yaşam formu oluruz ve belki de ailemizi de yanımıza almak isteriz. Manevi bir öz haline geliriz (daha yüksek bir spiritüel titreşim) ve bu dünyayı geride bırakırız. Belki de artık eleştiri gibi küçük davranışların bile bizi bu Dünya'ya, bu varoluşa nasıl bağlayabildiğini görebilirsiniz.

Dedikodu, Uydurma ve Ayırma

Dedikodu, uydurma ve ayırma; her şeyin kaba bir şekilde yargılanması ve başkalarının eleştirilmesidir ve gelişmemizi engelleyebilir. Ben her zaman dedikodunun, gerçeği alıp birazcık çarpıtma olduğunu düşünmüştüm; ama buna aslında "uydurma" denir. Uydurma, birisinin gerçeği kendi yararına çevirmeyi öğrendiği zaman olur ve insanları ayırmayı içerebilir; gerçeğin bir kısmını söyleyerek ayıran kişiye fayda sağlamak amacıyla iki veya daha fazla insanın birbirine düşmesini sağlamak. Yaygın dedikodu, duydukları takdirde başkalarının duygularını incitebilecek bir şeydir. kötü niyetli dedikodu ise kaba ve kötü yalanlardan oluşur.

Bu hareketler –uydurma, ayırma ve dedikodu– zihni meşgul eder, güvenirlik eksikliğinin ve hayatta başaramamanın göstergesidir. Hayatında neler oluyor? Boşlukta mısın? Hayatında her şey sıkışmış durumda mı? Tam ihtiyaç duyduğun miktardan daha fazla para yaratamıyor musunuz? Zihnin senin için nasıl çalışıyor?

Hatırlayın, zihniniz her zaman sizin için çalışır. Her zaman size yardım etmeye çalışıyor. ThetaHealing'de size sadece yaptığınız şeyi neden yaptığınızı öğretmekle kalmıyor, aynı zamanda zihninizin kötü niyetli olmadığının farkına varıp kendinize de şefkat göstermeniz gerektiğini gösteriyoruz; zihniniz sizi sabote etmeye çalışmıyor, size yardım etmeye çalışıyor.

Dedikodu ve / veya eleştiri sizi boşlukta tutuyorsa aşağıdaki yüklemeleri kullanın:

- "Başkaları hakkında dedikodu yapmadan nasıl yaşayacağımı biliyorum."
- "Başkaları hakkında kötü niyetli dedikodu yapmadan nasıl yaşayacağımı biliyorum."
- "Başkaları hakkında uydurmadan hayatımı nasıl yaşayacağımı biliyorum."
- "Hayatımdaki insanları birbirinden ayırmadan hayatımı nasıl yaşayacağımı biliyorum."
- "Başkalarına nasıl sabır göstereceğimi biliyorum."
- "Başkalarının gerçeğini, onları mahvetmeden nasıl göreceğimi biliyorum."
- "Başkalarını onlar gibi olmadan nasıl kabul edeceğimi biliyorum."
- "Kendimi eleştirmeden yaşamanın nasıl hissedildiğini biliyorum."
- "Başkalarını sürekli eleştirmeden yaşamanın nasıl hissedildiğini biliyorum."
- "Boşluğa düşmeden nasıl yaşayacağımı biliyorum."
- "Diğerleriyle ilgili gerçeği nasıl göreceğimi biliyorum."
- "Eski eleştiri kalıplarına girmeye başladığımda kendimi nasıl durduracağımı biliyorum."

GELECEĞİ ALGILAMAK

Bir inancınızın neden olduğunu çözemiyorsanız bu, muhtemelen atalardandır. O zaman şu soruyu sorabilirsiniz: "Atalarım neden buna inandı?" Muhtemelen bir cevap alacaksınız. O zaman şöyle diyebilirsiniz: "Bununla işim bitti mi? Hayatımda buna ihtiyacım var mı? Bu benim hayatımda olmazsa ne olacak?"

Bu noktada, bir inanç üzerinde çalışabileceğiniz farklı seviyeleri tamamlamış olacaksınız. Birçok ThetaHealer, geçmişin kök ya da kilit geçmiş seviye inancını bulur, ancak asla bundan daha ileriye gitmez.

- "Bunu değiştirirsem ne olur?"
- "Bu bana nasıl yardımcı oluyor?"
- "Bunu değiştirirsem ne olacak?"

Bu soruları sorarsanız gelecekte ne olacağını daha iyi anlayacaksınız.

İNANÇLARI DEĞİŞTİRMEK

Bir inancı değiştirmek için her zaman inanç çalışması yapmak zorunda değiliz; çünkü sık sık bir alışkanlığımız olduğunu fark ettiğimizde beynimiz onu değiştirebilir. Beyin algısal bir bilgisayar gibi çalışır ve gerekli olduğunu gördüğü zaman alışkanlıklarını değiştirir ve bunu her zaman yapar. Örneğin, sürekli ezildiği ilişkiler yaşayan biri, aynı kalıbı tekrarlamaya devam ettiğini fark edebilir ve ezilmek hakkında ders alındığı için, sonrasında onu gerçekten seven bir partner bulabilir.

Bununla birlikte inanç çalışmalarında, Theta'nın beyin dalgasına girip inancı bularak, hızlı ve verimli bir şekilde değiştirerek inançları daha hızlı değiştirebiliriz. Bir inancı değiştirmek, kalıbın bir şekilde artık gerekli olmadığının keşfedilmesi anlamına gelir; fakat zorunlu olarak serbest bırakılması ve değiştirilmesi gerekmez; çünkü geçmişte ona göre değerli bir öze sahip bir öğrenme deneyimi olabilir. İnsanların ThetaHealing uygularken yaptıkları en büyük hatalarından biri, bir inancın onlara nasıl yardım ettiğini ve nasıl hizmet ettiğini anlamadan önce basitçe inançları serbest bırakmaktır.

Buna iyi bir örnek, "Yoksulluk yemini ettim," inancıdır. Birçok insan yoksulluk yeminlerini ortadan kaldırmak için ilham alır. Ancak tüm yeminleri bu şekilde değiştirmek, geçmişteki her şeyi ileri, geri oynatmaya çalışacaktır. Bu, geçmişimizdeki biri de bu dersi alıyorsa, inancın geri döneceği anlamına gelir. "Yoksulluk yeminim var," programı için pozitif enerji testi yapıyorsanız çözüm, "Bu yemin tamamlandı," şeklinde yukarı çıkıp emretmektir, ondan sonra ilerleyebilirsiniz. Bu, serbest bırakmak yerine inancı değiştirir.

İnançları değiştirmek sonuçta geçmişinizi, bugününüzü ve geleceğinizi anlayabilmekle ilgilidir; inançların nereden geldiğini ve kendinizi anlamanıza nasıl yardımcı olduklarını anlamaktır. Hayattaki hiçbir şey anlamsız değildir.

Her şeyin bir anlamı vardır. Yaptığınız her şey, deneyimlediğiniz her şey, sizi siz yapar.

İlerlemenize yardımcı olmak için aşağıdaki yüklemeleri kullanın:

- "Geçmişte sıkışıp kalmadan yaşamanın nasıl hissedildiğini biliyorum."
- "Geçmişimi, şimdimi ve geleceğimi kucaklamanın nasıl hissedildiğini biliyorum."

- “Daha iyi bir gerçeklik yaratmak için geçmişimi, şimdimi ve geleceğimi nasıl anladığımı biliyorum.”
- “Atalarım için önemli olmanın nasıl hissedildiğini biliyorum.”

Bölüm 4

KAZMA İLKELERİ

Bu bölümde anahtar veya kök inanç için kazma ilkelerini ele alacağız.

1. İNANÇ YÜKLEME

Anahtar veya kök inanç için kazma yapmanın bazı kısa yolları vardır; ancak birçok uygulayıcı kazma yapmaktan kaçınır ve bunun yerine bir inanç çalışma oturumunda sadece yüklemeleri kullanır. Hislerin yüklenmesi, inanç çalışmalarında gereken hisleri ortaya koymak için kullanılan bir şifa sanatıdır. Ancak yüklemeler, inanç çalışmasının yalnızca bir parçasıdır ve her zaman kök inancı serbest bırakmaz.

Danışanın ifadelerini dinlemek elbette yüklemelerin gerekliliğini gösterebilir. Bazı iyi göstergeler danışanın, "Ne olduğunu bilmiyorum," veya "Nasıl hissedildiğini bilmiyorum," demesidir. Giriş bölümünde açıklandığı gibi hisleri yüklemek, bilinçaltının kök inanç çevresinde yaptığı balonu veya kalkanı delmeye yardımcı olabilir; fakat kişi inancı bırakmayabilir. Hislerin yüklenmesi faydalıdır; ancak inançları kazmak, genel iyileşme süreci için daha etkilidir.

Daha önceki kitaplarda açıklandığı gibi, inançları yüklemek faydalıdır; çünkü bilinçaltı zihin, bir amaca hizmet ettiğini düşünüyorsa inançları kolayca bırakmaz. Bazen, bilinçli farkındalığa kavuşmak için zaman içindeki inancı serbest bırakmaya yardımcı olacak şekilde bir hissi yüklemek daha iyi olsa da yine de değişmiş olduğundan emin olmak için kök inancı ve amacını bulmalısınız.

Her olumsuz inancın olumlu bir inanca bağlı olduğunu ve bu nedenle onunla ilgili de değişiklik yapılması gerektiğini hatırlayın.

2. DİL

Bazı kök inançlar, bugün kullanılanlardan farklı bir dilde yaratılmış olabilir. Bu nedenle hem danışanın ana dilinde hem de ataları tarafından konuşulan her dilde bir inancı değiştirme veya his yükleme emrini verin veya talep edin. Her dil için yalnızca tek bir evrensel komut olması gerekir.

Komutun örneği: "Yaradan, bu Danışanı konuşmuş oldukları her dilde yükle." Bu, yükleme işleminin Danışanın alanına gireceği anlamına gelir.

3. ÇOKLU KİŞİLİK İNANÇ ÇALIŞMASI

Çoklu kişilik bozukluğuna sahip ya da ayrışma bozukluğu olan insanlarla çalışırken, kişiliklerin bir kişiyle bütünleşmesini asla emretmeyin. İnanç çalışması yapmak için her kişiyi basitçe yükleyin.

4. OLMAZ, YAPMAZ VE YAPAMAZ

Pek çok psikolog, bilinçaltının "yapma", "olmaz", "yapamam" ve "-ma" kelimelerini ve eklerini anlamadıklarına inanmaktadır. Bu nedenle, doğru bir cevap almak için bu yardımcı fiilleri kullanmaktan kaçının. İnanç çalışması sırasında Danışana bu kelimeleri ifadelerinden çıkarmasını söyleyin. Örneğin, bir danışan, "Kendimi sevmiyorum," veya "Kendimi sevemiyorum," gibi bir ifade kullanmamalıdır.

Bir program için doğru şekilde test yapmak için danışanın ifadesi "Kendimi seviyorum, hayır," veya "Kendimi seviyorum" olmalıdır. Ardından, bu program için "Evet" veya "Hayır" yanıtıyla negatif veya pozitif olarak enerji testi yapabilirsiniz. Danışanın programının değiştirilmesi gerekiyorsa, "Kendimi seviyorum, hayır," cevabını "Kendimi seviyorum" olarak değiştirebilirsiniz.

Birçok psikolog, bilinçaltının bu kelimeleri anlamadığına inanmasına rağmen ben, insanların bilinçaltından farkı anlayabildiğini düşünüyorum. Ancak, böyle olmayan birçok insan da var, bu yüzden ilk başta inanç çalışmalarına başlarken bu kelimeleri kullanmaktan kaçınmak mantıklı.

5. ANAHTAR SORU KELİMELERİNİ KULLANARAK KAZMA ÇALIŞMASINA BAŞLAYIN

Aşağıdaki anahtar kelimeleri kullanarak sorular sorarak kazma çalışmasına başlayın:

- Kim?
- Ne?
- Nerede?
- Nasıl?
- Ne zaman?

Bunlar, uygulayıcının bir kazma oturumunda kullandığı soruların anahtar kelimeleridir. "Bu ne zaman başladı?", "Bu size nasıl yardımcı oldu?", "Yanınızda kim vardı?" Bu, yalnızca olumsuz inançları bulmanıza değil, danışana nasıl hizmet ettiklerini de göstermenize yardımcı olur.

6. NİHAİ GERÇEKLER: DEĞİŞTİRİLEMEYECEK İNANÇLAR

Değiştirilemeyecek olan bazı inançlar vardır, bunlara nihai gerçekler denir. İşte bazı örnekler:

- Uygulayıcı, birini güneşin yarın doğmayacağına ya da Dünya'nın dönmeyi durduracağına programlayamaz.
- Uygulayıcı birini bir köpek olmaya programlayamaz.
- Uygulayıcı, başka birinin davranış özgürlüğünü veya özgür iradesini değiştiremez.
- Uygulayıcı başka bir kişiyi sevmediği birini sevmeye programlayamaz.

Örneğin, öğrencilerimden biri, Joan of Arc (Jan Dark) olduğuna dair bir inanca sahipti ve inanç çalışması sırasında öğrencinin başka bir öğrenciyle eşleştirildiğinde bunun zorluklara neden olduğunu fark ettim.

Onlara, "Neler oluyor?" diye sordum.

Uygulayıcı rolündeki öğrenci bana şöyle dedi: "Neden sürekli acı çekmek zorunda olduğu üzerinde çalışıyoruz. Joan of Arc (Jan Dark) olduğuna inanıyor. Ne yaparsam yapayım, bu inancı değiştiremedim."

Uygulayıcı bu inancı değiştiremedi; çünkü bir şekilde bir gerçekti. Öğrencinin genetik olarak Jan Dark ile ilgisi olabilir ya da onunla bir bağlantısı olmuş olabilir. "Ben Joan of d'Arc'ım" inancını çekmek yerine, uygulayıcı, "Tanrıya hizmet etmek için ölmek zorundayım," gibi, ona hizmet etmeyen "Jan Dark" enerjisi ile ilgili diğer benzer programları değiştirmek zorunda kaldı.

"Ben Jan Dark'ım," düşüncesine inanması nedeniyle acı çekmesi gerekiyorsa, doğru olduğuna inandığı bir şey üzerinde çalışarak zaman kaybetmeden olumsuz yönleri değiştirebilirdi. Bu inancın sadece yüklenmesi gerekiyordu ve sonra hayatına devam edebilirdi.

Aynı şekilde eğer birisinin enerji testi, eşinin onu aldattığını olumlu bir şekilde test ederse, güven eksikliği ve inançları üzerinde çalışmaya ihtiyaç duyması nedeniyle olabilir. Aldatmak, bir şekilde dürüst olmadıkları anlamına gelebilir; fakat mutlaka başka bir kişiyle ilişkisi olduğu anlamına gelmez. Ruh, onlara bir şeylerin yanlış olduğunu söylüyor; ama gerçek doğrulanması gereken bir şeydir. Bununla birlikte sezgilerinde haklı da olabilirler ve eşleri onları aldatıyor olabilir.

Eğer inançlar üzerinde çalıştıktan sonra danışan hâlâ aynı konuda olumlu enerji testleri yapıyorsa –ve eşleri gerçekten aldatıyorsa– o zaman enerji testi her zaman olumlu bir cevap verecektir.

Son olarak, "Sizi öldürmeyen şey, sizi daha güçlü kılar," gibi nihai bir gerçeği çekip değiştirmeye çalışmamanız gerektiğini unutmayın, çünkü bu aslında bağışıklık sisteminin yararlı bir inanç sistemidir ve kendini her zaman yeniden yaratacaktır.

Bir Kişinin Gerçeği

Daha zorlu öğrencilerimden biri bana gelip, "Size kendimi kanıtlamam gerekiyor şeklinde bir inancım var," demişti. "Bunu değiştirdim; ama her seferinde geri geldi." Kendi isteklerini diğerlerine zorla kabul ettirmek isteyen biriydi ve itiraf edeyim, onun eğitmenlik yapmasına izin vermekten korkuyordum; ve kendime enerji test uyguladığımda tabii ki ben de bana kendini kanıtlaması gerektiğine inanıyordum. Bu, benim kabul ettiğim gerçeği ona yansıtıyordu. Bu yüzden inancımı, "Kendisini Yaradana kanıtlaması gerekiyor," olarak değiştirdim. Ayrıca kendimdeki bu inancı tüm öğrencilerimle ilgili olarak, işimin sadece onlara öğretmek olduğunu bilerek değiştirdim.

7. TÜM İNANÇLARIN DEĞİŞMESİ GEREKMİYOR

Tüm inançların değişmesi gerekmez. Öğrencilerin bana gelip "Vianna inatçılığımı çekmek istiyorum," derler. Bu gibi durumlarda her zaman, bu özelliği değiştirmemeyi öneririm; çünkü bu en iyi özelliklerinden biri de olabilir. Niye mi? Çünkü inatçılık, kişiyi olduğu kişi yapar; Şimdi bulundukları yere gelmeleri için inatçı olmaları gerekiyordu.

Aynı şekilde, öfkelenmeyi veya korkmayı da çekemezsiniz. Beyin tehlike anında alarm sinyalleri gönderdiğinde öfkenin olumlu bir yönü vardır. Herkes zaman zaman sinirlenir veya korkar; çünkü ikisi de hayatta kalma refleksleridir. Bununla birlikte, bize hizmet etmeyen öfke veya özel korku fobileri ile ilgili takıntıları bırakmak mümkündür.

Başka bir örnek olarak, obsesif kompulsif olan ve iyileşmek isteyen bir arkadaşım vardı. Ancak bu kusursuz yetenek, onun evrak işlerinde harika olmasına sebep oluyordu, bu yüzden inancının bir bölümünü tutmasını ve ona hizmet edecek şekilde değiştirmesi önerdim.

Oğlak burcu olarak en iyi özelliklerimden biri, patronluğumdur: İşlerin dün bitirilmesini beklerim ve gerekirse kendim yaparım; Bu da beni gerçekten iyi bir patron yapar. Ne yapılması gerektiğini anlayabiliyorum ve aynı anda pek çok iş yapabiliyorum. Benim gibi her zaman haklı olduğunu düşünen ve bir patron olan Koç burcu bir adamla evlendim; böylece iyi bir takım olduk. Ayrıca kontrol altında tuttuğum fena sinirli bir halim var, ama kocam Guy hâlâ onu ortaya çıkarabiliyor (inanılmaz ve bence bu onun hoşuna gidiyor). Sinirli halimi değiştirmek istemiyorum, sadece kontrol etmek ve acil durumlar için saklamak istiyorum, bu yüzden değiştirmek istemediğim bir nitelik olarak görüyorum. Nazik ve iyi kalpli olmak istiyorum; ama ne zaman öyle olmamak gerektiğini de biliyorum.

En kötü niteliğiniz olduğunu düşündüğünüz şey, tek bir inancı değiştirmeden en iyisi olmak için hafifçe dönüştürülebilir.

8. YÜKLEMELER İÇİN SÖZLÜ İZİN

Bazen uygulayıcılar, diğer kişilerin izinleri olmadan hisleri yüklemeye çalıştıklarını söylerler. Ancak bu özgür irade yasalarına aykırıdır; öğrenciler sadece psişik oluyorlar ve başkalarının olumsuz düşüncelerini hissediyorlar. Negatif düşüncelerin, diğer kişiye izin vermediğimiz veya düşünce biçimini kabul etmediğimiz sürece bizi etkileyemeyeceğini hatırlayın. Ayrıca, Karmanın bazı durumlarda var olduğuna ve başkalarına kötü davranılmasının size geri dönebileceğine inanıyorum, ancak diğerleri sizin izniniz olmadan size yükleme yapamaz veya sizi lanetleyemezler.

Örneğin, başka bir ülkede çalışan bir eğitmenim vardı ve eğer öğrencileri başka bir eğitmene giderlerse onları lanetleyeceğini söylemişti. Elbette bunu, öğrencilerine korku vermek ve kendi işini korumak için yapmıştı. Öğrencileri onları lanetleyemediğini anladıktan sonra, onu terk ettiler; ama küçük bir parça korku kaldı. Onu düzelttim mi? Tabii ki düzelttim. Bunu yapmayı bıraktı mı? Evet. Fakat zarar verdi. Eski öğrenciler yeni öğrencilere ne yaptığını söylediler ve enerjisi böyle devam etti. Yazık; çünkü bu kadın oldukça iyi bir şifacıdır. Elbette başkalarını lanetleyebilecek bazı insanlar olabilir; fakat bu negatif düşünce formların ışığa yollarsanız size asla zarar veremezler.

Önemli Hatırlatma

İnanç Çalışması alan kişinin size programları kaldırmak ve değiştirmek için tam sözlü izin vermesi gerektiğini her zaman hatırlayın. Seçtiğimiz inanç programlarını tutabilecek bir özgür irademiz var, başka bir kişi sözlü iznimiz olmadan bu programları değiştiremez, bunu denemek işe yaramayacaktır.

9. CİSİMLERE YÜKLEME

Bilinçaltınıza his ve inanç yüklemenin yanı sıra zenginleştirici nitelikleri, evinizdeki ve ofisinizdeki nesnelere yükleyebilirsiniz böylece sizi olumlu titreşimlerle kuşatırlar. Herhangi bir cansız nesne, hayatınızı iyileştirmek için olumlu bir öz nitelikle yüklenebilir, fakat yalnızca belirli program veya alıcısı varsa nesneyi etkileyebilirsiniz. Örneğin, kanepemi rahat olma özelliğiyle yüklüyorsam, üzerine oturan kişinin kanepenin rahatlığını deneyimlemek için rahatlığın ne olduğunu bilmesi gerekir.

Yükleme yapılamayan bazı cansız nesneler olsa da (Yeşim gibi) nesneye her zaman yükleme yapıp yapamayacağınızı sormanız gerekir; çünkü var olan her şeyin özgür iradesi vardır. Bazı nesnelerin yüklemeyi reddedeceği zamanlar vardır; fakat yüzde 99'u doğalarına uygun olarak enerji topladıkları için yükleme mümkün olacaktır.

Bir cisme ya da yiyeceğe, reddedecekleri için negatif bir yükleme yapamazsınız. Herhangi bir nesne yalnızca mevcut niteliklerini geliştirecek şekilde yüklenebilir, negatif programlarla yüklenemez.

10. YARA BANDI İNANÇ ÇALIŞMASI

Birçok uygulayıcı, bir seansta veya kendi üstlerinde "yara bandı inançlar" dediğim şeyi kullanıyor. Bu, aşağıdaki örnekte gösterildiği gibi, kök inançlar için kazma yapmak yerine yüklemeleri kullandıkları zamandır. Yolda giderken, "Çok aptalım, bunu yapmayı unuttum," diye düşünüyorum. Kendimi aptal olarak adlandırdığımı ve bunun değişmesi gereken bir şey olduğunu biliyorum; çünkü bu, beni olmak istediğim kişi olmaktan alıkoyan bir şey. Nerede başladığını bulmak için bazı inanç çalışmaları yapılabilir; ama o anda buna zamanım yoksa, "Akıllı, zeki ve harika işler yapıyorum," diyeceğim.

Bu yüklemeler uzun süre etkili değildir ama bir şekilde bana yardımcı olabilir. Fakat gerçek şu ki tamamen ortadan kalkması için, olumsuz programın nerede başladığını ve bana nasıl hizmet edip etmediğini ve daha önce nasıl hizmet ettiğini bulmam gerekiyor. Bu nedenle, inanç çalışmasını tamamlamadığınız zaman buna, "Yara bandı" inanç çalışması denir. Zamanınız olduğunda daha derine inmek ve sizi sınırlayan inançları ortadan kaldırmak için biraz zaman ayırın.

11. OLUMSUZ PROGRAMLAR

Bilinçaltı, negatif ve pozitif bir program veya yükleme arasındaki farkı bilmediğinden tüm negatif programların anında giderilmesini emredemeyiz. Olumsuz ya da olumlu bir program ya da yükleme arasında karar verenin, bilinçli bir zihin olduğunu her zaman hatırlayın.

12. OLUMSUZ PROGRAMLARI YÜKLEMEK

Bilinçaltı, negatif yüklemeyi %99 oranında kabul etmeyecek kadar akıllıdır; ancak yine de evet demeyin. Bilinçaltı, yüklemelerde olumsuz ya da olumlu inançlar arasındaki farkı her zaman bilmez, bu nedenle onları yüklemek iyi bir fikir değildir. Bilinçaltı zihin, yüklenmiş olumsuz bir hissi kabul ederse bu, tam olarak yaratacağı şey olur. Olumsuz veya olumlu programlar / yüklemeler arasında karar veren, bilinçli zihindir.

İlk başta olumlu olduğunu düşündüğümüz bazı programlar bile garip bir etkiye sahip olabilir. Örneğin, gerçekten istediğiniz şey bolluk olduğunda, "Hiçbir şey olmadan nasıl geçineceğimi biliyorum" programını yüklemek gibi. Aynı şey, "Her Şeyin Yaratıcısından depresyonun bakış açısını biliyorum," hissini ve bilgisini indirmek için de geçerlidir. Tam olarak alacağınız şey budur; depresyonun mutlak saf özü. "Depresyon olmadan yaşamanın nasıl hissedildiğini biliyorum" veya "Depresyondan nasıl kaçınacağımı biliyorum," yüklemeleri ile devam ediyor olsanız bile bilinçaltı, ne olursa olsun depresyon yaratmaya çalışabilir. Bilinçaltınız bu tür garip yüklemelerin yüzde 99'unu reddeder; ancak yine de kafa karıştırıcı ve gereksiz olabilir.

Yaradana göre, yaşamı seçtiğimiz gibi deneyimleme özgürlüğüne sahibiz ve tam olarak istediğimiz şeyi elde edeceğiz. Bu nedenle olumlu bir sonuç oluşturmak için olumsuz hisler yüklemekten kaçınmalıyız, bunun yerine olumlu olanları yüklemeliyiz. Çok daha iyi bir yüklemeye örnek, "Depresyona girmeden nasıl yaşayacağımı biliyorum" veya "Depresyon olmadan yaşamanın nasıl hissedildiğini biliyorum," olabilir. Ayrıca, "Depresyonun ne olduğunu biliyorum," veya "Tacizin ne olduğunu biliyorum," benzeri yüklemelerden kaçınmak da iyi bir fikirdir.

Bilinçaltının olumsuz bir kök inanca bağlı kalmasının her zaman olumlu bir nedeni vardır. Bunun nedeni, bilinçaltının olumsuz ya da olumlu inançları kategorilere ayıramamasıdır. Bu yüzden tüm inançların bir kerede çekilmesini emredemeyiz. Olumsuz inanç bir şekilde bir amaca hizmet eder ve olumlu bir sebepten dolayı daima yerinde tutulur. Bunun yerine, "Bu inanca sahip olmaktan ne elde ederler?" diye sormalısınız.

Örneğin bir danışan,

"Yaptığım her şey başarısız oluyor," diyebilir.

Buna şöyle cevap vermelisiniz:

"Bu inanca sahip olmaktan ne öğrendin veya ne elde ettin ya da neyi başardın?"

Bunun için Danışan şöyle cevap verebilir:

"Başarısız olacağımı düşündüğüm sürece denemek zorunda kalmam, bulunduğum yerde kalabilir ve güvende olurum."

13. OLUMSUZ SONUÇ VEREN POZİTİF YÜKLEMELER

Olumlu olarak düşünülebilecek ancak strese neden olan garip etkileri olan bazı yüklemeler var. Buna bir örnek, "Çatışmayla nasıl başa çıkacagımı biliyorum," olabilir. Evren için bu, çatışmayla nasıl başa çıkacağınızı öğrenmeniz gerektiği anlamına gelir. Bu yükleme işlemi, muhtemelen tam olarak öğrenmek istediğiniz şey olduğu için çatışma getirecektir.

Küçük bir kızken daima çatışmalardan kaçınırdım; çünkü diğer insanların duygularını incitmekten korkuyordum ve bu yüzden "hayır" demeyi de bilmiyordum. Ancak kendime "çatışmalarla nasıl başa çıkacağımı biliyorum," yüklediğimde, her zamankinden daha fazla çatışma yaşadım. Bu programı yüklemenin doğru yolu, "Çatışmalarla ne zaman ve nasıl kolayca başa çıkacağını biliyorum." Bu yol epeyce zaman kazandırır.

Başka bir örnek ise sabrı yüklemek olabilir. Nasıl olduğunu öğrenmek için sabrın gerekli olduğu durumları hayatınıza getirecek misiniz? Fakat zaten sabrınız olduğunu yüklerseniz, size nasıl edineceğinizi öğretecek garip durumlar olmayacaktır. Başka bir deyişle, sizde bulunmadan önce uygulanması gereken yetenekleri yüklerseniz, doğru şekilde ve doğru enerjiyle yüklenirse daha olumlu bir şekilde uygulanabilir. Doğru yüklemeye örnek: "Şimdi sabırlı olmanın mümkün olduğunu, nasıl ve ne zaman olduğunu biliyorum." (Bu, stresi ortadan kaldıracaktır).

Başka bir örnek vermek gerekirse, bir zamanlar yedi gün boyunca herhangi bir öfke, depresyon, eleştiri ya da rahatsızlık olmadan sadece mükemmel, saf neşe ve mutluluk yaşadım. Bende yanlış bir şey olup olmadığını merak ettiğim yedinci güne kadar hiçbir şey beni rahatsız etmedi ve aniden durdu; sevinç gitmişti. Neşenin neden gittiğini bulmak için Yaradanla kendime inanç çalışmasını yaptım ve kendimi şöyle yükledim, "Sürekli, neşe dolu olmak uygundur."

Erdemleri kazandıkça yeteneklerinizin de aynı şekilde arttığını göreceksiniz. Ruhunuz aslında iyiliği, neşeyi ve sabrı öğrenmek için ilham alıyor. Bu hisleri yüklerken kelimelerin enerjisini kullanın, "Sabrın, iyi kalpliliğin nasıl olduğunu zaten biliyorum." Bu erdemleri yükledikten sonra bunları otomatik olarak nasıl kullanacaklarını öğretmek için pratik yapmak gerekir.

14. İNANÇLARI DAYATMAK

Bir şifacıyı ziyaret eden herkes kazma çalışması yapmak istemeyecektir, ancak büyük olasılıkla buna ihtiyaçları olacaktır. Okuma yaparken danışanın inanç sorunları olup olmadığını göreceksiniz; ancak inançlarınızı onlara dayatmaktan kaçınmak önemlidir. Enerji testi için doğru prosedürü kullanmak ve Danışanın yüksek sesle tekrarlamasını sağlamak bunun olmasını önleyecektir. Bunun nedeni, enerji testinin yalnızca programın ifadesini yüksek sesle söylediğimizde doğru şekilde çalışmasıdır. Düşünceyi akıldan geçirmek ve sonrasında enerji testini, inancı sözlü olarak ifade etmeden yapmak işe yaramaz, aynı aşağıdaki örnekte gösterildiği gibi:

Öğrencilerimden biri çok üzgündü; çünkü "sözüm ona" babasının onu çocukken taciz ettiğini öğrendi.

Vianna: *Bunun olduğunu nasıl öğrendin?*

Öğrenci: *Onun için enerji testi yaptım.*

Vianna: *"Gerçekten, yüksek sesle 'Babam beni çocukken taciz etti mi,' dedin mi?"*

Öğrenci: *Hayır, uygulayıcı programı bana 'niyet etti' ve enerji için pozitif olarak test ettiğimi söyledi.*

Vianna: *Bu program için enerji testi yapmama izin verin. "Babam beni taciz etti," diye yüksek sesle söylediğinde gözlerini kapat. Programı "Hayır" cevabı ile test etti, bu yüzden onu kristal serme işlemine aldım (çocukluğuna bir trans durumuna). Geçmişinde böyle bir sorunu yoktu ve babasını her zaman olduğu gibi sevmeye devam edebilirdi.*

15. BİR DANIŞAN "BİLMİYORUM" DEDİĞİNDE...

Birisi seansta "Bilmiyorum" dediğinde, bu ifade birkaç anlama gelebilir. Bazı Danışanlar her soruda "Bilmiyorum" döngüsüne girecektir. Bu şu anlamlara gelebilir:

- Gerçekten nasıl hissedildiği konusunda yoksunlar.
- Hassas bir konudan kaçınıyorlar veya bilinçaltları kök inancı koruyor.
- O inancın nereden geldiğini gerçekten bilmiyorlar.

Birisi kazma işlemi sırasında "Bilmiyorum," diyorsa, "Ya bilseydin?" diye sorarsanız bu soru, Danışandan gelecek ve kök inanca yol açabilecek bir cevabı teşvik edecektir.

Bu işe yaramazsa Danışana "Güvende olmanın nasıl bir his olduğunu biliyorum," veya "Sevilmenin nasıl bir his olduğunu biliyorum," gibi bilmediği hisleri yükleme girişiminde bulunma yolunu izleyin. Bu sizin, kök inancı bulma konusunda yönlendirilmenize yardımcı olur.

16. BİR DANIŞAN NE ZAMAN İYİLEŞMEZ?

Şifa sağlamak için Tıp uygulayıcıları ile birlikte çalışıyoruz; ancak bazen insanlar iyileşmenin imkânsız olduğuna inandıklarından veya başka bir nedenle, bir hastalığa veya inanca bağlı kalıyorlar.

Örneğin bir zamanlar, ThetaHealing'i öğrendikten hemen sonra üç başarılı şifa çalışması yapan bir öğrencim vardı. İlk üç seansta şifa çalıştı; fakat sonuncusu çalışmadı ve bu nedenle danışanı , "ThetaHealing ile işim bitti, işe yaramadı," dedi; fakat aşağıdaki nedenler biri de danışanın iyileşmesini önleyebilir:

- Uygulayıcı iyi davranmıyor ya da ilgi göstermiyor.
- Uygulayıcı hastalıktan korkuyor.
- Uygulayıcının egosu.
- Uygulayıcı, diğerinden ziyade kendi inançlarını yansıtıyor.
- Uygulayıcı, diğer kişi hemen iyileşmediğinde inciniyor.
- Uygulayıcı oturumun sonucuna bağlı kalıyor.

On kişiden biri iyileşirse benim için buna değer. Birinin inançlarını değiştirir ve Yaradanın onları sevdiğini bilmelerini sağlarsanız bu bir şifadır. Eğer biri iyileşmezse zihninizi temizleyin ve Yaradana şifa çalışmasının neden işe yaramadığını sorun.

Danışan, "Bende (örneğin bir hastalık) var ve kimsenin yapabileceği bir şey yok," deyince şifa çalışmasının işe yarayıp yaramayacağını derhal anlarım. Başka bir ifade ise, "Daha iyi olabileceğim tek yol, ameliyat olmak." O zaman iyi bir operasyon geçirmeleri için şifa çalışması yaparım. Birini derin Theta durumuna girmesi için eğitebilirim ve onlar en iyi şifacılar olabilirler; ancak Danışan iyileşmek istemiyorsa, o zaman kimsenin yapabileceği bir şey yoktur. Eğer bir şifacı olarak daima Yaradana bağlıysak ve Danışan işlemi kabul ediyorsa şifa çalışmasının yüzde 90'ının işe yarayacağına inanıyorum.

Ayrıca danışanlar için Sivananda Ashram'da çalışmanın daha iyi olduğunu; çünkü orada iyileşeceklerine inandıklarını da fark ettim. Böyle durumlarda, iyileşeceklerine inandıkları için inanç çalışması yapmak zorunda olmadığımı anlıyorum; sadece şifa çalışması yapıyorum ve iyileşiyorlar. Ayrıca, insanların öldüğü değişmez gerçeğini de kabul etmeliyiz ve şifacılar olarak öyle olduğunda ışığa gitmelerine yardımcı olabiliriz.

17. SÜRECİ ANLAMAK

Etkili bir inanç çalışması uygulayıcısı olmak danışanın, sorunlarını kendilerinin tanımlamasına izin vermek anlamına gelir. Seanstaki ana inancı bulamıyor olsanız bile Danışanın bilinçaltının, değiştirmesi gereken bir şey olduğunu fark etmesi muhtemeldir (değişikliği bir tehdit olarak algılamadığı sürece).

18. DRAMDAN KAÇININ

Danışanın dramına duygusal olarak karışmaktan kaçının. Yüzeye çıkan her duygu danışanla ilgilidir, sizinle değil. Danışan ne yaparsa yapsın veya ne söylerse söylesin, onlara yardımcı olmak için tarafsız kalmalısınız. Bu netlik, kendi meselelerimiz üzerinde çalışarak sağlanabilir; ancak bunun bazen zor olabileceğinin farkındayım. Bir Danışandan duygusal olarak etkilendiğimde Yaradana gider, sevgi ve şefkat duygularını isterim; çünkü bu duygusal karışıklıktan farklıdır.

Bir Danışanın yalnızca duygusallaşmak için bir okumaya geldiği ve hatta size bağırmaya başladığı zamanlar olabilir. Bu tür bir deneyim, dengenizi hızlı bir şekilde bozabilir; ama 10 seansın 9'unda durumun sizinle bir ilgisi olmaz. Şifaya tanık olmanızı engelleyeceğinden böyle durumlarda danışanın önünde duygusal olarak çökmemeye özen gösterin. Ayrıca, bir danışanla arkadaşlık yapmadan önce danışanın güvenli bir şekilde yakın arkadaş olup olamayacağını da Yaradana sorun.

Şifacılar çoğu zaman, en olumsuz koşullarda pozitif, sağlıklı bir alanda kalma zorluğuna sahiptir. Başkalarıyla ilgilenmek için önce kendinize dikkat etmeniz gerekir.

Bir danışana farkında olmadan olumsuz bilinçaltınızın yansıttığı gibi davranıyor olabilirsiniz. Düşüncede ve eylemde, konuşulan sözlerde ve davranışlarda, başkalarına sezgisel iyilikle davranmalıyız. Bunu yapmak için kendi hisleriniz, programlarınız ve inançlarınız ile diğerlerininkiler arasındaki farkı, sezgisel olarak bilmek önemlidir.

19. ENERJİYİ DEĞİŞTİRME

Hatırlanması gereken önemli bir nokta; danışanınızdan hoşlanmıyorsanız iyileşmeyebilir. Bu olduğunda cevap, o danışanınızla ilgili inançlarınız üzerinde çalışmaya zaman ayırmaktır.

Bir zamanlar ofis çalışanlarıma (onlar aynı zamanda benim çocuklarım) kaba olan bir danışanım vardı. Bu sebeple, o danışanla konuştuğumda kızıma karşı davranışı sebebiyle kırgındım. İlerlememesiyle ilgili sıkıntıdan dolayı yukarı çıktım ve, "Tanrım, neden daha iyi olamıyor?" diye sordum.

Tanrı, "Ondan hoşlanman gerekiyor Vianna," dedi. İnançlarım üzerinde çalıştım ve bir dahaki sefere ofisimi aradığında herkese iyi davrandı. Hiç şüphe yok ki bir seviyede, nasıl hissettiğimi algılıyordu ve durum hakkındaki inancımı değiştirdiğimde onunki de değişti.

20. İKİLİ (ÇİFT) İNANÇLAR

Kazma işlemi sırasında kök inancı bulduğunuzda, çift inançlar da genellikle temizlenir. Mesela, ben "Zenginim" ve "Fakirim" gibi çift inançlara sahiptim. Sağduyu, tam tersi bir inancı kontrol etmeyi söylerdi; çünkü sonuçta banka hesabım sürekli aşağı yukarı gidip gelirdi, ben de yukarı çıkıp Yaratıcıya nedenini sordum.

Vianna: *Neden sadece bir aydan diğerine geçmeye yetecek kadar param var?*

Yaradan: *Ne için endişeleniyorsun? Her zaman bir aydan diğer aya yetiyor.*

Vianna: *Bu neden?*

Yaratıcı: *Para, şifa çalışmaları için sana ilham veriyor. Para kazanmak zorunda kaldığın sürece her gün işe gidiyorsun. Faturalarınızı ödemek zorundasın ve bu sana şifa çalışmaları yapmak için ilham veriyor.*

(Yaratıcı bana bunun ikili bir inanca sahip olmamadan kaynaklanmadığını söylemedi; çünkü önemli olan anahtar ya da kök inançtır.)

Vianna: *Oh, hayır Yaradanım, çok param olsaydı da her gün giderdim!*

Yaratıcı: *Gerçekten mi? Geçen çarşamba kendini iyi hissetmedin; ama işe gittin ve küçük bir kızı iyileştirdin. Ancak, eğer yeterince para biriktirmiş olsaydın yatakta kalacaktın, belki de ilham kaynağın para olmadan şifacı olmayı öğrenmelisin.*

Bu inanç çalışması oturumundan sonra sevgiyle şifa çalışması yapmaya ve maddi durumumun değişmesine tekrar odaklandım. Ancak her zaman inanç çalışması sonucunda ikili bir inanca sahip olmak çıkmaz, "Bunu hayatımda neden yarattım?" diye sorun. Bu, insanların kazma sürecinde ikili inançları olmadığı anlamına da gelmez; fakat anahtar ya da kök inanca odaklanmanız gerektiği anlamına gelir.

Bazı ThetaHealer'ların birkaç yıl inanç çalışması yaptıktan sonra söylediği şeylerden biri, bütün inanç çalışmalarını yaptıkları ve üzerinde çalışacakları hiçbir şey kalmadığıdır. Bu insanlara, "Güzel; ama daha fazla inanç çalışması olmadan gelişmeyeceksiniz," diyorum; çünkü egomuz en büyük düşmanımızdır.

21. KIZGINLIK VE KİN

Yaşamınızdaki her insan bir şekilde size hizmet eder. Belirli bir kişi, size zor anlar yaşatıyor ve hayatınızda zorluk çıkarıyorsa belki de motivasyonları budur. Yaşamlarında zorluk yaratan bireyler tarafından motive oluyorlar mı? Onlara, hayatlarındaki insanları ve etkilerini sorun.

İnanç çalışmasını kullanarak bireysel kırgınlıkları da serbest bırakabilirsiniz; ancak aynı zamanda, konu ile ilgili kinleri de serbest bırakmalısınız. Bunu Danışana, onlara hizmet eden birine ya da bir şeye kin duyup duymadıklarını sorarak yapabilirsiniz.

22. KÖK İNANCA YAKLAŞMAK

Siz (veya danışanınız) biraz rahatsız ve yorgun olmaya başladığınızda, kök inanca ulaşmaya çok yakın olduğunuzu bilirsiniz. Danışanınız inanç çalışmalarına devam etmek istemediklerini veya sadece vazgeçmek istediklerini söyleyebilir. Sebebi, bilinçaltının faydalı olduğunu düşündüğü bir programa devam etmek için son şansı olmasıdır. Genellikle beyin, bizim geçmiş inanç seviyemizdeki bir inanca tutunur.

Buna iyi bir örnek, meme kanseri olan biriyle inanç çalışması yapmaktır. İlk başta, Danışan tamamen mutludur; ancak inanç çalışması oturumları devam ettikçe daha zor ve saldırgan olmaya başlayabilir. Danışan bu şekilde hareket etmeye başladığında, kök inanca yakın olma ihtimaliniz çok yüksektir. Bir inanç çalışması oturumundaki öfke, Danışanın daha iyileşmekte olduğunun bir göstergesi olabilir. İnsanlar hastalandıklarında sıklıkla, iyileşmeyi daha fazla önemsemedikleri bir kayıtsızlık noktasına gelirler. Bu durumda öfke, adrenallerini uyarabilir ve enerjilerini artırabilir, böylece yaşamak isteyebilirler.

Kök inancınıza yaklaştığınızın bir başka göstergesi de Danışanın, sizi sinirlendirmeye başlamasıdır. Bununla birlikte kök inanç, oturumun bitiminden önce bulunmalıdır yoksa Danışan bir şifa krizi yaşayabilir. Danışan, rahat ve huzurlu bir tavır sergileyinceye kadar oturuma devam edin.

Önemli Hatırlatma

Danışanınız hakkında notlar yazmak için not defteri kullanmayın. İnançları yazıyorsanız orada var olmuyorsunuzdur ve kalpten çalışmıyorsunuzdur. Yazılı notlar almadığınızda Danışanınız daha güvende hisseder. Seans sırasında aklınız karışır veya kaybolursanız Yaratıcıdan yardım isteyin…

23. OLUMSUZ İNANÇLARI GÖSTEREN YÜKLEMELER

Bazı durumlarda, bir Danışana his yüklerken inanç sistemleri serbest kalacak ve hatta kök bir inanca ulaştığınızı belirtecektir. Örneğin, "Zarif ve iyi kalpli olmanın nasıl bir his olduğunu anlıyorum," gibi bir his yüklerseniz, "Çok iyi kalpli olmanın tehlikeli olduğu" ve "Benden faydalanılacağından bundan dolayı acı çekerim," sorunlarını ortaya çıkarabilir. Bu olursa danışan yüklemeyi reddedebilir.

Çoğu durumda, bir his yüklediğinizde Danışan, kendini coşkulu hisseder. Ancak, Danışanda yüklemeyle çelişen bir sorun varsa bu hisler, yüklemeleri almamalarına neden olur. Bu nedenle, yüklenen hislere tanıklık ederken Danışana, yeni hisleri kabul ettiklerinde nasıl hissettiklerini sormak en iyisidir.

ThetaHealing'de yalnızca değiştirilmesi gereken inançları ayırt etmiyoruz, aynı zamanda yeni inançlar da ekliyoruz. İnancı ayırt edip şu anda bize nasıl hizmet ettiğini anlayınca geleceğe bakabilir ve bunun ihtiyacımız olan bir şey olup olmadığını, değiştirebileceğimiz başka bir şey olup olmadığını ve nasıl değiştirilebileceğini de görebiliriz.

İnanç çalışması her zaman geçmiş, şimdiki zaman, gelecektir; her zaman neden kim olduğumuz ve kendimizi nasıl anlayacağımız üzerinde çalışır.

24. HÜCRELER HÜCRELERLE KONUŞUR

Bedendeki hücrelerin birbirine bağlı olduğunu ve net olarak tanımlanmamış açıklanamayan bir dille birbirleriyle iletişim kurduğunu biliyoruz. Bu nedenle, hücrelerin öngörülen düşünce yoluyla, başka bir kişinin vücudundaki hücrelerle iletişim kurması da mümkündür. Var Olan Her Şeyin Enerjisi yoluyla birbirimize nasıl bağlıysak bu aktarım da aynı şekilde çalışır. Bu şekilde saf düşüncenin özü, hücresel bilgiyi iletmek için fiziksel dokunuşla yansıtılabilir. Örneğin, bedenin bir tehdit olarak algılamaması koşuluyla, nasıl imgeleneceği, bilincin nasıl gönderileceği veya şifa oluşturulacağı gibi. (Tehdit olarak algılamaması için, çoğu durumda, eğer danışan cinsel ya da fiziksel taciz yaşamışsa dokunma için rızası alınmalıdır).

Hücresel düzeyde iletişim kurarken, Theta durumunda olmanız önemlidir. Danışanın eline bir Theta zihin durumundayken dokunduğunuzda, hücre bilgisinin özünün derhal bir mesaj olarak hücresel bilgiye aktarıldığına inanıyorum. Bu mesaj, otomatik olarak danışanı sizinle bir Theta beyin dalgasına, böylece şifa çalışmalarını kabul etmek için elverişli bir duruma sokar.

Beyinin, hücrelerden gelen tüm bilgiyi anlaması için genellikle bir uyku döngüsüne ihtiyaç duyabileceğini de dikkate almak gerekir. Ayrıca, hücresel bilgi aktarımı inanç çalışmasının, his çalışmasının ya da kazma işleminin yerini tutamaz; çünkü Danışan, bilinçli olarak kabul ettiği his ve programların farkında olmalıdır.

25. KENDİNE KAZMA ÇALIŞMASI SANATI

Kendinize İnanç çalışması yapmak ve kazma yapmak biraz disiplin gerektirir; ancak aşağıdaki iki yöntem de inançları ortaya çıkarmada etkilidir.

İnanç Çalışması: Yöntem 1

Bu işlemi kullanmak, aynı zamanda hem uygulayıcı hem de danışan olup kendiniz için kök inancı kolayca arayabileceğiniz anlamına gelir. Kendi önünüzde oturduğunuzu, Yedinci Seviye ile bağlıyken kendinizle konuştuğunuzu, programlar için Yaradanla konuştuğunuzu imgeleyin ve programlar için enerji testleri yapın. Kendinizle çalışırken de bir uygulayıcı ile yaptığınız oturumda olduğu gibi, test edilecek her programı yüksek sesle söylemelisiniz. Bunu doğrudan Yaradana giderek ve şunları sorarak yapabilirsiniz:

"Bu ne zaman başladı? Bunun başladığı zamanı bana göster."

"Bu olduğunda kaç yaşındaydım?"

"Daha derine mi gidiyor?"

"Bu benim ne işime yarıyor ve ondan ne öğrendim?"

"Bunu ben neden yarattım?"

"Bana nasıl yardımcı oluyor?"

"Ondan hangi erdemi öğreniyorum?"

"Yaratıcı, bunu neyle değiştireyim?"

Bu soruları sorun ve ihtiyacınız olan cevapları alın.

Her inanç çalışmasında daima Yaradan ile bağlantı kurmalısınız; çünkü bu bir şifacı olarak geliştirebileceğiniz en değerli şeylerden biridir. Her zaman Yaradana, inancın sizi nereye götürdüğünü sormalısınız. Lütfen bir inancınız olup olmadığını ve "Evet" veya "Hayır" cevabını duymanız gerektiğini öğrenip, Yaradana sorabileceğinizi anlayın. Örneğin, her zaman neden hasta olduğunuzu Yaradana sorarsanız, şu yanıtları alabilirsiniz: "Çünkü hasta olduğunda hayatınızdaki her şey için endişelenmezsiniz. İşiniz ya da çocuklarınız hakkında çok fazla endişelenmenize gerek yoktur. Kendinize odaklanabilirsiniz ve bunu strese girmemek için kullanıyorsunuz."

İnanç Çalışması: Yöntem 2

Bu işlem için kuzeye doğru durun. "Evet," dediğinizde vücudunuz öne doğru eğilmelidir. "Hayır," dediğinizde vücudunuz olumsuz bir tepki göstererek geriye eğilmelidir. Vücudunuz hiç eğilmiyorsa susuz kalmış olmanız muhtemeldir, bu yüzden hidrolize olduğunuzdan emin olun ve işlemi tekrar deneyin. (Doğru enerji test yöntemleri ve işlemleri için ayrıca Bölüm 2'ye bakınız.) "Evet" veya "Hayır" cevabını test etmek için başparmağınızı ve parmağınızı sıkıca tuttuğunuz yöntemden ziyade bu yöntemin, kendinize enerji testi uygularken daha etkili olduğunu düşünüyorum. Bu aynı zamanda, yüzleşmek istemediğiniz bir programın test edilmesinde de yararlı bir yöntemdir.

Yaratıcının Size Rehberlik Etmesine İzin Verin

Kendiniz için bir randevu alarak kendinizle çalışmak için sessiz zaman yaratın. Kendimiz üzerinde çalışmaktan kaçınmaya meyilliyiz; çünkü bilinçaltı kontrolü devralmaya çalışır ve bize "Git yemek yap" ya da "işe gitmem gerekiyor," der. Bilinçaltının inanç çalışmasını önlediği yol budur; çünkü sizi güvende tutmanın yolunun bu olduğuna inanıyor. Eğer "görmek" yerine "hissetme" eğilimindeyseniz cevabı hissetmek de onu görmek kadar iyidir. Her zaman insanları görmeleri için eğitebileceğimi söylerim; ama hissetmek hediyedir.

Bana sıkça sorulan bir soru:

"Zihnim ile Yaradan arasındaki farkı nasıl anlarım?"

Yukarı çıkıp Yaradana bağlandığınızda ve bir soru sorduğunuzda hemen bir cevap alırsınız. Cevap eğer zihninizden geliyorsa, "Geç oluyor, gidip akşam yemeği hazırlamalıyım," gibi bir şey söyleyecektir. Bu konuşan Yaratıcı değildir; bu, inanç çalışmasından kaçınmaya çalışıyorsunuz demektir. Yaratıcı, mükemmel sevgi ve zekâdır.

Örneğin, sevginin acı olduğuna inanıyorsanız sevgiden kaçınırsınız. Üzerinde çalışmayı denediğinizde inanç çalışması süreci ile içsel bir mücadele olabilir. Öyleyse Yaratıcıdan inancın nerede başladığını size göstermesini istemeniz gerekecektir. O zaman gerçek sevginin ne olduğunu, güvenli olduğunu yükleyebilir veya sevdiğiniz kişilerin size zarar vermesine izin vereceğiniz inancını değiştirebilirsiniz.

İnançlarınızın bilinçli bir şekilde farkında olmak çok önemlidir.

İnanç çalışmasını kendime yapmak (bunu "kendine inanç çalışması" olarak adlandırıyorum), benim için bile öz disiplinini gerektiriyor; fakat cevaplar için Yaradana gitmeyi seviyorum. Doğrudan Yaradan ile çalışmak, inançlarınız olduğunu düşündükleri şeyler ile kafanızı karıştırabilecek bir uygulayıcı ile çalışmaktan daha avantajlı olabilir. Bu senaryoda, izinsiz müdahaleye maruz kaldığınızı hissetmeniz ve iş birliği yapmaya istekli olmamanız olasıdır; bu nedenle bir uygulayıcının oturumda Yaradana bağlanması çok önemlidir. Diğer taraftan kendinizi güvende hissettiğiniz, deneyimli ve iyi kalpli bir uygulayıcı ile çalışmak derin sorunları kendinizden gizlemeye çalışmanıza engel olabilir.

Kendinize şifa çalışması için aşağıdaki yüklemeleri kullanın:

"Gezegenin geçmişinin, geçmiş inanç seviyesinin, genetik seviyenin hepsinin önemli olduğunu ve onlarla nasıl çalışılacağını biliyorum."

"Yaptığım şeyi neden yaptığımı bilmenin nasıl hissedildiğini anlıyorum."

"Kendimi nasıl anlayacağımı ve kendi üzerimde nasıl çalışacağımı biliyorum."

"Yaradana nasıl bağlanacağımı ve neden bir inancım olduğunu, ne zaman başladığını, nasıl değiştireceğimi, onu değiştirmek için ne yapmam gerektiğini, hangi yüklemelere ihtiyacım olduğunu, inançları en yüce ve en iyi şekilde değiştirmek için neleri sormam gerektiğini biliyorum."

26. AŞIRI DÜZELTME

Kök ya da kilit inançlarınızı kazarken "aşırı düzeltme" olarak adlandırılan şeyi de deneyimleyebilirsiniz. Derin programları bırakmaya ve yeni hisler yüklemeye başladığınızda aile sorunları ortaya çıkabilir. Bu bırakma ve yükleme sürecinin size büyük bir güçlenme sağlaması muhtemeldir. Telefonu alıp insanlara bağırıp çağırmaya başlamak isteyebilirsiniz. Lütfen, herhangi bir şey yapmadan önce inanç-çalışması oturumu sırasında ortaya çıkan tüm duyguları sindirmek için zaman ayırın. Bu programların birçoğu çok uzun zaman önce oluşturulmuştur ve onların içinizde oluşmasına neden olan kişi de o zamandan beri büyük olasılıkla değişmiştir. Artık aynı insanlar değillerdir ve neden onlara bağırdığınızı anlamayacaklardır; bunu yapmakla da herhangi bir sonuç elde edemezsiniz.

Dengelenene kadar başka bir kişiyle olan herhangi bir durumu veya sorunu aşırı düzeltmekten kaçınmak için elinizden geleni yapın.

Bölüm 5

İNANÇ ÇALIŞMASINDA KAZMANIN BEŞ TEMEL ADIMI

Daha ileri süreçlere geçmeden önce, danışanlarla çalışan bir uygulayıcı olarak bu bölümde inançları kazmak için ele alacağımız beş temel adım vardır:

1. Güven Oluşturun: Danışan ile uygulayıcı arasındaki güven bağı, açık iletişimi teşvik edecektir.
2. Konuyu Belirleyin: Bu, Danışanın üzerinde çalışmak istediğini söylediği sorundur.
3. Temel Anahtar Kelimeler ve Soruları Kullanın: Üst üste yığılmış diğer tüm inançları serbest bırakmak ve müşterinin anahtar/kök inancı için kazma işlemine başlayın.
4. İnançları Değiştirin: Yaradana bağlanın ve dört inanç seviyesinin tamamında değişmekte olan inançlara tanık olun: Öz benlik, genetik, geçmiş ve ruhsal.

5. Değişikliği Onaylayın: Serbest bırakılan ve değiştirilen her inancın, enerji testi ile değiştirildiğini onaylayın.

Beş adımdan her birini daha ayrıntılı olarak inceleyelim:

ADIM 1: GÜVEN OLUŞTURUN

Danışanı selamlayarak ve kendilerini rahat hissettirerek başlayın. Bu güven bağını oluşturmak, aranızdaki açık iletişimi teşvik edecektir.

Dinleyin, Bilgi Edinin ve Sorun

Danışanın söyleyeceklerini dinleyin, bilgi edinin ve daha sonra agresif olmadan sorular sormaya devam edin.

Danışanın söylediğini dinlemeye açık olun ve her ifadenin altında yatan enerjinin farkında olun; çünkü her ifade, temel veya kök inancın bir göstergesidir. Sözleri, Danışanın ağzına tıkmayın; tersine, söyledikleri her şeyin geçerliliği ve değeri olduğunu hissettirin; çünkü öyledir. Ayrıca, her insan dünyadaki diğer herkesten farklıdır, bu nedenle inançlarda benzerlikler olsa da her insana, eşsiz bir birey olarak bakılmalıdır.

Göz Teması Kurun ve Vücut Dillerini Okuyun

Danışanla göz teması kurmak ve beden dilini izlemek önemlidir; çünkü fiziksel tepkileri, inanç-çalışması diyaloğunda hassas bir noktaya ulaştığını gösterecektir.

ADIM 2: SORUNU TANIMLAYIN

İnanç çalışması oturumunun başında, Danışana ne elde etmek istediğini sorun. Üzerinde çalışılacak çok fazla inanç kulvarı vardır; ancak oturumun Danışanla ilgili olduğunu unutmayın: ihtiyaçları ve üzerinde çalışmak istedikleri şeyler.

Danışana, “Bugün ne üzerinde çalışmak istersiniz?” diye sorun. Danışan örneğin, “Ailemle ilgili sorunlarım üzerinde çalışmak isterim,” yanıtını verirse bu sorun, danışanın “yüzeydeki inancına” ve kök inanca (sorunun asıl nedenine) bizi yönlendirecek olan başlangıç noktasıdır. Muhtemelen İnanç, danışanın hayatında değiştirmek istediği bir durumu temsil edecektir.

Enerji Testi

Danışanın konuyla ilgili olarak neyin doğru olduğuna inandığını belirlemek için bir enerji testi yapın (doğru enerji test yöntemleri ve işlemleri için Bölüm 2’ye bakın). Dikkatli olun ve danışanın her zaman parmaklarını sıkıca bir arada tuttuğundan ve sözlü ifadelerine yanıt olarak bilinçaltı bir şekilde serbest bıraktığından emin olun. Danışanın prosedürü değiştirmek için bilinçli bir şekilde parmaklarını açmaya veya kapatmaya çalışmadığından emin olun.

Yüzeydeki İnanç İçin Hedefler Koyun!

Danışan için genel bir hedef belirleyin, sonra örneğin şöyle deyin: “Sorunu inceleyip en derinine inelim.” Not defterine notlar almayın; bu, danışanın bir şeylerin yanlış olduğunu ya da onlar hakkında bir analiz yapılıyormuş gibi hissetmesine neden olabilir.

ADIM 3: TEMEL ANAHTAR KELİMELERİ VE SORULARI KULLANIN

Kazma işlemini, danışanın kök inançlarını bulmak üzere kullanmak için, yaklaşımınız sezgisel bir keşif olmalıdır. Danışanın sorunlarını ve olumsuz inançlarını tanımlamak için aşağıdaki temel anahtar kelimeleri kullanarak sorular sorun:

- Ne zaman?
- Ne?
- Kim?
- Nerede?
- Neden?
- Nasıl?

Aşağıdaki tabloda gösterildiği gibi inancı kazmak için bu anahtar kelimeleri kullanın:

Anahtar kelime	Örnek
Ne zaman?	Bu ilk ne zaman oldu?
Ne?	Bundan ne öğrendin?
Kim?	Bunu sana kim söyledi?
Nerede?	Bu ilk nerede başladı? Bu olduğunda sen neredeydin?
Neden?	Neden hasta olduğunu düşünüyorsun?
Nasıl?	Bu sana nasıl hissettiriyor? Bu sana nasıl hizmet ediyor?

Sorularla ilişkilendirilen bu anahtar kelimeleri kullanmak, danışanın daha derinde yer alan inanç programlarına bir yol yaratır. Buradan, sunulan sorunun türüne bağlı olarak kök inancı tanımlamak için on farklı kazma yaklaşımı veya kısa yol bulunmaktadır. Bir sonraki bölümde, on kazma yaklaşımını daha ayrıntılı olarak ele alacağız.

ADIM 4: İNANÇLARI DEĞİŞTİRİN

Kök ya da anahtar inanca ulaştığınızın göstergelerden bazıları; Danışanın soru-cevap senaryosuyla döngü içine girmesi, saklanması veya konun etrafında daireler çizmesidir. En derin inancı bulmak için sabırlı ve ısrarcı olun. Ayrıca, danışan konuyu değiştirerek sizin dikkatinizi dağıtmaya çalışabilir ve / veya gergin ve hassas bir hale gelebilir.

Danışan aynı zamanda; duygusal bir duruma gelebilir, sinirli hareketler yapabilir, sandalyelerinde kıvranmaya başlayabilir, başını ve boynunu esnetmeye başlayabilir, kollarını kavuşturabilir, gözyaşı dökmeye başlayabilir ve nefesleri düzensiz olabilir. Danışan ayrıca ayaklarına bakmaya başlayabilir ve göz teması kuramaz. Bu beden dili, bilinçaltının kök inanca bağlı kalma girişimini gösterir.

Danışan, inanç çalışmasını yaparken rahatsızlık hissetmeye başlarsa, güvende olmanın nasıl hissedildiği yüklemesini isteyip istemediklerini sorun.

Yaratıcı Aracılığıyla İnançları Değiştirmek

Sık sık işimin dünyadaki en kolay iş olduğunu söylüyorum. Tek yapmam gereken Yaradanı dinlemek ve bana söyleneni yapmak. Aynı şekilde, kazma işleminiz (kendinize, başka bir kişiye veya bir danışana) Yaratıcı ile birlikte, yaratım noktasından yapılmalıdır. Tek yapmanız gereken Yaradanı dinlemektir.

İşlem boyunca danışanla, Yedinci Seviye perspektifinden Her Şeyin Yaratıcısı aracılığıyla etkileşime girdiğinizden emin olun. Bu, kazma etkileşiminin Üçüncü Seviyeden değil, Yedinci Varoluş Seviyesinden geldiği anlamına gelir. Birlikte yaratım, kendi paradigmanızdan kurtulmanıza ve Danışanınkine katılmanıza izin verir. İnanç çalışması oturumunda, kazma çalışmasını etkilememek için kendi yargınızın devreye girmesine izin vermeyin. Hatırlayın: Kazma işlemi Danışanla ilgilidir.

Bir inanç-çalışması seansı danışan, uygulayıcı ve Yaradan arasındaki etkileşimdir. Yaradan her zaman yanınızdadır.

Yaratıcıya Sorun

Bir danışanla çalışırken, inançlarınızı veya hislerinizi kazma sürecine yansıtmaktan kaçının. Bunu yapmanın en iyi yolu, Yaratıcının perspektifine sıkı sıkıya bağlı kalmaktır. Daha önce açıklandığı gibi danışan, soru-cevap senaryosuyla sizi döngü içine alabilir, gizleyebilir veya daireler çizdirebilir. En derindeki inancı bulmak için sabırlı ve ısrarcı olun.

İlave rehberliğe ihtiyaç duyduğunuzda daima Yaradan'ın yardımını isteyin. Yaratıcıdan kazı oturumunuzda size rehberlik etmesini isteyin. Mesela, Yaratıcıdan size kök veya anahtar inancı, enerji testine ilişkin inançları ve yüklenecek hisleri vermesini isteyin. Örneğin, "Her Şeyin Yaratıcısı, bana bu kişiye yapılacak yüklemenin verilmesi talep edilir Teşekkür ederim! Oldu. Oldu. Oldu."

Ayrıca, bir inanç çalışması oturumu sırasında, Yaratıcıya herhangi bir zaman şunları sorabilirsiniz:

- Emin değilseniz Yaratıcıya, danışana hangi soruları sormanız gerektiğini sorun.
- Bir danışan birden fazla sorun sunduğunda Yaratıcıya, öncelikle hangi özel konuya odaklanılacağınızı sorun.
- Belirli bir inancın kök inanç olup olmadığını sorun.
- Yaratıcıya kök inancı sorun.
- Olumsuz bir inancın yerine konulacak yeni bir olumlu inanç isteyin.

- Belirli bir durumda kişiye yardımcı olabilmek için, hangi olumlu hislerin yükleneceğini sorun.

Ayrıca şunu da sorabilirsiniz: "Her Şeyin Yaratıcısı, bu kişinin hangi hislere ihtiyacı var? Teşekkür ederim! Oldu. Oldu. Oldu."

Ayrıca, şunları yaparak da Yaratıcı aracılığıyla inancı değiştirebilir ve hisleri yükleyebilirsiniz:

- İhtiyaç duyulan hisleri yükleyerek bulunan olumsuz inançlara seans sırasında şifa çalışması yapmak.
- Danışanın kök inancın farkında olmasını sağlamak.
- bağlanıp tüm; öz benlik, genetik, geçmiş ve ruhsal inanç seviyelerinde değişen inançlara tanık olmak.

ADIM 5: DEĞİŞİKLİĞİ ONAYLAYIN

İnancın serbest bırakıldığını ve değiştirildiğini enerji testiyle kontrol ederek doğrulayın (doğru enerji test yöntemleri ve işlemleri için Bölüm 2'ye bakınız); Bu, hem size hem de danışana doğrulama verir.

Önceki bölümde açıklandığı gibi, danışanın sözlü olarak savunmada olması, kıvranması veya ağlamaya başlaması kök inanca ne kadar yakın olduğunuzu gösterir. Bu tür direnç, bilinçaltının kök inanca bağlı kalmak için yaptığı bir girişimdir. Danışan, inanç çalışması yaparken rahatsızlık hissetmeye başlarsa ona, "Güvende olmanın n*asıl hissedildiğinin* yüklenmesini ister misiniz?" diye sorun.

Bölüm 6

ON KAZMA YAKLAŞIMI
(VEYA KISAYOLLAR)

Kök/Temel inancı tanımlamak için kullanabileceğiniz 10 kazma yaklaşımı veya kısa yolu vardır. Meselenin türüne bağlı olarak tüm bu yaklaşımlar, tek bir inanç çalışması oturumunda beraberce kullanılabilir.

Kazma yaklaşımı	Açıklama
Korku	Diğer tüm korkuların altında yatan en derin korkuyu belirleyin.
Öfke (Kızgınlık/ Kırgınlık/Gücenme)	"Bu öfke ne zaman yaratıldı?" diyerek durumu anlayın. Ayrıca, "Öfkenin ardındaki sebep nedir?" Bu yaklaşım, öfke için veya korku dışında herhangi bir olumsuz duygu için kullanılabilir.

Kazma yaklaşımı	Açıklama
Hastalık 1	Hastalığın neden yaratıldığını ortaya çıkarın. "Hastalık size nasıl hizmet ediyor ve hastalık başladıktan sonra ne oldu?" diye sorun.
Hastalık 2	Gelecekte hastalığın geçtiğini düşünün. "Tamamen iyi olsaydın ne olurdu?" diye sorun.
Yaratım	Danışan, tezahür ettirmek istediklerini görselleştirir. "İstediğiniz olsaydı ne olurdu?" gibi sorular sorarak sorunları belirleyin.
Genetik	Belirli bir inancın danışanın annesinin inancı, babasının inancı veya atalarının inancı olup olmadığını sorarak sorunu tanımlayın.
Geçmiş seviyesi	Geçmiş yaşamlardan ve kolektif bilinçten kaynaklanan inançlar üzerinde çalışın.
İmkânsız	Beyine imkânsız görünen şeyin gerçekte mümkün olabileceğini öğretin.
Şimdiki zamanda kazma	Zorluklardan öğrenme. Her zorluğun daha derin bir amaç içerdiğine dair farkındalık yaratmak. "Yaşadığınız zorluklardan ne gibi bir kazanç elde ediyorsunuz?" diye sorun.
Erdemleri öğrenmek	Bu yaşamdaki ruhun amacı, erdemleri öğrenmek ve yeteneklerini geliştirmektir. "Deneyimlerinizden hangi erdemleri geliştiriyorsunuz?" diye sorun.

Aşağıdaki on yaklaşım arasında korku ve kızgınlık temel yaklaşımlardır ve tüm diğer kazma yaklaşımları için yapı taşlarıdır. Ancak, bu bölümde açıklanan yaklaşımların yalnızca danışanlarla çalışmanıza rehberlik etme önerileri olduğunu unutmayın, çünkü iki kişi birbirinin aynı değildir ve her kazma oturumu farklı olacaktır. Kazma işlemi; sezgisel bir keşif, kök veya temel inancı bulma bir sanattır; Bu nedenle bahsi geçen on yaklaşım, inanç çalışma oturumlarında size rehberlik etmesi için basit önerilerdir.

Kazma işlemi; program üzerinde biriken tüm inançları yaratan inancı bulup serbest bırakmak için kök/anahtar inancın araştırılmasıdır. Kazma çalışmasında uzman olmak için doğru soru sormanın, altta yatan temel/kök inancı nasıl belirleyebileceğini anlamanız gerekir. Aşağıdaki on yaklaşım, size bu konuda rehberlik etmek içindir:

KAZMA YAKLAŞIMI 1: KORKU

Genel anlamda, bizi motive eden iki farklı duygusal enerji vardır: Korku ve sevgi. Sevgi ilk motivasyon olmalıdır; ama bu her zaman böyle değildir. Koşulsuz sevgi, evrendeki en yüksek titreşimdir ve korku en düşüklerden biridir. İnanç çalışması, korkunun duygusal tepkisini ortadan kaldırmaya çalışmaz; çünkü bu doğal bir insan tepkisidir, acil durumlar için yerleşik bir hayatta kalma tepkisidir. Bu nedenle, işlevsel olmayan "korku programları" ile normal acil durum müdahaleleri için gerekli olan korku arasındaki farkı ayırt edebilmek önemlidir.

Sürekli korku içinde yaşamak, fobiler gibi olumsuz bir programdır ve bu da korkunun bir soruna neden oluşudur. Kontrolsüz korku, hemen hemen her şeyi engelleyebilir ve buna sevgi de dahil dahildir; bununla birlikte, dürtüsel korkular fobilere dönüşebilir. Bir fobiyi değiştirmenin yolu, inanç çalışması ve fobiyi orada tutan temel inancı bulmaktır.

Dürtüsel mantıksız korku hiçbir şeyi başarmaz. Korku, şüphe ve inançsızlığın negatif enerjileri, inanç çalışmalarında kendilerini gösteren en yaygın blokajlardan bazılarıdır.

Herhangi bir sezgisel süreçte korku, sizin tarafınızdan şifa çalışması denklemine asla girmemelidir. Bu nedenle, danışanlarla çalışmaya başlamadan önce, kendi korkularınızı veya önyargılarınızı temizlemek önemlidir.

Yaradanın işi yapmasına şahit olmak yerine bazı şifacılar, sürecin çalışmayacağından endişelenir ve danışanın inançlarını kazma çalışması boyunca süslerler (kast ettiğim abartmadır). Süsleme, danışanın gereksiz duygular içine girmesine neden olabilir ve 30 saniyede bitecek olan işlemin gerçekleşmesi daha uzun sürebilir.

Kazma Çalışmasına Başlayın

Bu korkunun neden ortaya çıktığını, nasıl gerçekleştiğini ve ne zaman başladığını bulmak için anahtar sorular sorarak korku inancının izini, en derindeki korkunun kaynağına kadar takip edin. Bu sorular, danışanın bilinçaltı zihninde daha derin inançların yolunu açacaktır.

Diğer tüm kaygıların altında yatan en derin korkuyu belirlemek için şu soruları sorun:

- Neyden korkuyorsun?
- En büyük korkun nedir?
- Olabilecek en kötü şey nedir (belli bir durumda olsaydınız)?
- Olduğunda bu nasıl hissettirirdi?
- Bundan sonra ne olur?

- Bu korkuyu ilk defa ne zaman hissettin? Bu ne zaman başladı?
- En büyük korkunla karşı karşıya kalsaydın, olabilecek en kötü şey nedir?

Öyleyse korku için kazma yaparken ilk soru, "Korktuğun şey nedir?"dir.

Örnek olarak; Danışan, "Sudan korkuyorum," diye yanıtlar.

Ardından, "Su korkunuz yüzünden başınıza ne gelebilir?" diye sorarsınız.

Danışan, "Boğulacağım," diyebilir.

Danışan spesifik bir şeyden korkuyorsa, bu nadiren korktukları asıl şeydir ve genellikle korku için altta yatan bir sebep vardır.

Eğer birisi sudan korkuyorsa inanç, "Sudan korkarım," olacaktır. Bu programı kaldırır ve "sudan korkmam" ile değiştirirsiniz bu, hiçbir işe yaramayacaktır; çünkü asıl korku su değildir, başka bir sebebi vardır.

Bu noktada suyun, danışanın korktuğu şey olmadığını biliyorsunuz; ama öyle görünüyor. Bir sonraki adım, anahtar inanca doğru korkuyu takip etmektir, böylece danışan aslında neyden korktuğunu anlar.

Uygulayıcı: *Boğulursanız ne olur?*

Danışan: *Eğer boğulursam ölürüm.*

Uygulayıcı: *O zaman ne olur?*

Danışan: *Ölürsem çocuklarımı bırakırım ve çocuklarımı bırakırsam başarısız olmuş olurum. Eğer başarısız olursam Tanrıyı başarısızlığa uğratmış olurum ve Tanrıyı başarısızlığa uğratırsam, ışığa gitmem yanlış olur. Karanlığa sıkışıp kalırım.*

Bu ifadelerle danışan, kendi kazma çalışmasını yapmıştır. Uygulayıcı; kim, ne, ne zaman, nerede, nasıl, diye sordu ve sadece ne söylediklerini dinledi.

Yaradana bağlanın ve kim, ne, ne zaman, nerede ve nasıl olduğu ile ilgili sorular sorun.

Uygulayıcı: "Karanlığa sıkışıp kaldığınızda ne olacak?"

Danışan: "Karanlığa sıkışıp kalacağım ve bir hiç olacağım."

Uygulayıcı, şimdi kişinin sudan değil, "hiçbir şey" olmaktan korktuğunu fark eder. Bu kısa örnekte olduğu gibi, bir danışan bu kadar ayrıntı verdiğinde, onlara göre gerçek olan bir olayı hatırladıklarını gösterir. Hafızanın nereden geldiği önemli değildir, onlardan hızlıca geçirin, böylece en büyük korkularının ortasında kalmazlar. Yukarıdaki senaryoda, danışanın gerçek korkusu "hiçbir şey olmaktır", Tanrıyı hayal kırıklığına uğrattıkları ve çocuklarını terk etmiş olduklarıdır. Gerçek olan korkunun hangisi olduğu, danışanın bunu kaç kez tekrarladığına bağlıdır.

Bu inançları değiştirmek için Yaradandan "hiçbir şey olma" korkusunu çekmesini ve Yaradanın danışan için söylediği inançla değiştirmesini isteyin. Bu genellikle, "Çocuklarınızı her zaman gözetebilirsiniz," ve "Yaratıcı Enerjide daima Yaradan tarafından sevilirsiniz," olur. "Hiçbir şey olma" korkusunu çektiğinizde, diğer bütün korkular dağılır. Korku ortadan kalktıktan sonra, danışanın bir su fobisine sahip olması olası değildir. Bunu test etmek için danışanınızdan suyun içinde olduğunu hayal etmesini isteyin ve nasıl hissettiğini sorun.

Temel/ anahtar inancın bir göstergesi de danışanın, "Ben Tanrı için bir başarısızlığım," veya "Çocuklarım için başarısızlığıyım," gibi bir şeyi tekrar tekrar söylemesidir, danışanın söylediklerini dikkatlice dinleyin.

"Hiçbir şey olma korkusu" temel inancı, insanlığın en büyük korkularından biridir. "Hiçbir şey olma korkusu", ölümden sonra hiçbir şeyin olmadığı, Tanrının olmadığı ve hepimizin hiçbir şeye dönüşeceğimiz iddiasıdır.

Kazma işlemi ile çıkmaza giriyorsanız ve hangi yöne gideceğinizi bilmiyorsanız, danışanın yüzeysel inançlarıyla ilgili hislerini anlatmasını sabırla izleyin. Danışanın korkunun nereden geldiğini çözmesi biraz zaman alabilir ve onu bulmak için başka bir zamana ve yere geri dönebilir.

Kazma Çalışmasına Devam Edin

Olumsuz herhangi bir kök ya da anahtar inanç için, bilinçaltının onu tutuyor olmasının olumlu bir nedeni olabilir. İnanç çalışmasının her zaman olumlu bir sonucu olmalıdır. Bu nedenle danışanın, bu inanç deneyiminden ne öğrendiğini bulmak her zaman çok önemlidir.

Danışanın temel inancını bulduğunuzda şunu sorun:

Uygulayıcı: *Bu inanca sahip olmakla ne kazanıyorsun?*

Danışan: *Yaptığım her şey başarısız olur.*

Uygulayıcı: *Bu inanca sahip olmaktan ne öğrendin, başardın ya da elde ettin?*

Yukarıdaki örnek, bir danışanın ruhsal düzeyde, her yaşam deneyiminin hatta korku inancının bile bir amacı olduğunu anlamasına nasıl yardımcı olabileceğinizi göstermektedir.

Korku programlarının genlerden veya geçmiş seviyeden geçirilebileceğini unutmayın. Gerektiğinde bu enerjileri çekin, iptal edin, çözün ve değiştirin.

KAZMA YAKLAŞIMI 2: KIZGINLIK

Kızgınlık (kırgınlık) için her zaman altta yatan bir sebep vardır. Birine kızdığımız sürece onları, psikolojik bir ayrılık olsa bile kendimizden uzak tutuyoruz. Kızdığımızda ya da kırıldığımızda, durumdan veya kişiden bir şey öğreniriz ve ondan öğrenmeye devam ettiğimiz sürece kızmaya ya da kırılmaya da devam edeceğiz.

Bizi bu dünya seviyesinde tutmak için de kızgınlığı kullanıyoruz. Kızgınlık, çok ağır bir düşünce formudur, tıpkı sevginin bir hafif düşünce formu olduğu gibi. Bu hafif düşünce formları ile kaplandığımızda daha aydınlanmış oluyoruz. Birçok insan bu Dünya seviyesinden, ölüm aracılığıyla terk etmeden, mezun oldu. Şimdi bilinçaltımız bu fikir için hazır olmasa da aydınlandığımızı ve bu seviyede de aydınlanabileceğimizi hatırlamamıza izin veriliyor. Böylece bizi, bu Dünya seviyesinde topraklanmış tutmak için kızgınlık devreye giriyor. Yaratıcı, kızgınlığı zihnimizden temizleyebilirsek eşyaları, dokunmadan hareket ettirebileceğimizi söylüyor. Kızgınlık, psişik yeteneklerimizi engelliyor.

Kızgınlık hissi sizi kesinlikle bu varoluşta köklendirir; ama aynı zamanda sizi kızdıran şeyden de koruyacaktır, dolayısıyla beyin onu kolayca serbest bırakmayacaktır. Örneğin, bir danışan babasına kızdı diyelim. Bu programı çeker ve affetmeyle değiştirirseniz, affetme durumu iki veya üç gün sürebilir.

Öğrencilerimden biri küvette oturdu ve tüm öfkelerini çekti; ertesi gün iki beden zayıflamıştı.

Başka bir öğrenci de aynı şeyi yapıp benzer sonuçlar aldı; ama bunu ben denediğimde hiç kilo vermedim. Bunun nedeni, öfkeyi tutan kök inanca ulaşmadıkça çatışma, (ve burada kilo) geri gelecektir.

İnanç çalışmasında en önemli şeylerden biri, kök inancın doğası gereği genellikle, olumlu olduğunu anlamaktır.

Kazma Çalışmasına Başlayın

Örneğin, eğer birinde şu inanç programı varsa: "Beni dövdüğü için babama kızgınım." Bu programı çekip değiştirirseniz danışan, iki veya üç gün daha iyi hissedebilir; ancak uzun vadeli bir değişiklik yaratmanın tek yolu ondan ne öğrenildiğini, bu durumun nasıl olumlu bir yön verdiğini ve neden hizmet ettiğini bulmaktır.

Danışana sorun, "Babanızın sizi dövmesinden olumlu olarak ne öğrendiniz?"

Danışan muhtemelen sorunuza itiraz edecektir, yine de sormaya devam edin:

"Bu deneyimden olumlu bir sonuç çıksaydı bu, ne olurdu?"

"Baban tarafından dövülmekten ne öğrendin?"

Danışan, "Çocuklarımı asla dövmemeyi öğrendim*," diyebilir.*

Seansın bu noktasında hem olumsuz hem de olumlu inançlarla uğraşıyorsunuz. Danışana olumsuz durumdan gelen güveni tutmayı öğretirken aynı zamanda, incinmeden sevgi almanın nasıl hissedildiğini yükleyin. Daha sonra danışanın, hâlâ öfkeli olup olmadığını belirlemek için enerjiyi test edebilirsiniz.

Kazma Seansı: Kızgınlık, Kırgınlık, Öfke

Aşağıdaki yaklaşım; kızgınlık, kırgınlık, öfke ve korku dışındaki tüm olumsuz duygular için kullanılabilir.

Vianna: *Kime kırgınsın?*

Danışan: *Anneme kırgınım.*

Vianna: *Neden annene kırgınsın?*

Danışan: *Anneme kırgınım; çünkü beni hep dövdü. Beni içeriye kilitlerdi ve dışarıda oynamama izin vermezdi. Dışarıda oynayamadan büyüdüm. Çocukken dans etmek, müzik yapmak ve resim yapmak isterdim; ama annem bu tip şeyler için para ödemezdi.*

Vianna: *Bu tip şeyler için parası var mıydı?*

Danışan: *Evet.*

Vianna: *Yani, senin sen olmana asla izin vermedi.*

Danışan: *Evet. Artık bana yakın bir yerde yaşıyor; ama onunla iletişim kurmamaya çalışıyorum. Benimle olan ilişkisini düzeltmek istiyor ama ben mesafemi koruyorum.*

Vianna: *Gözlerini kapat. Söyle bana, yıllar önce seni dövdüğünde ne öğrendin? Öğrendiğin iyi bir şeyi söyle.*

Danışan: *Her şeyi kendi yöntemimle yapmayı öğrendim.*

Vianna: *Pencerenin arkasına kilitlenmekten ne öğrendin?*

Danışan: *Yalnız kalmayı ve yalnız başıma bir şeyler yapmayı öğrendim.*

Vianna: *Sanatçı doğanı takip edememekten ne öğrendin?*

Danışan: *Bundan öğrendiğim tek şey, çocuğuma bunu yapmamaktı ve ona sanatçı olma fırsatı vermeye çalıştım; ama o bunu istemedi.*

Vianna: *Biri seni dövmeden de hayat yolunu takip edebileceğini öğretme iznim var mı? Birisi sizi farklı bir yol izlemeye zorlamadan.*

Danışan: *Evet.*

Vianna: *Hem yalnız olduğunda hem de diğer insanlarla beraber olduğunda rahat olabileceğinin yüklenmesi için iznim var mı?*

Danışan: *Evet.*

Vianna: *Ve özgürlüğünü kilit altında olmadan da bulabileceğini?*

Danışan: *Evet.*

Vianna: *Seni sürekli engelleyen biri olmadan hayallerini nasıl takip edeceğini bilmek ister misin?*

Danışan: *Evet.*

Vianna: *Çocuklarınıza onları zorlamadan müzik ve sanat teklif edebileceğinizi?*

Danışan: *Evet.*

Vianna: *Bana elini ver ve baş ve işaret parmaklarınla bir daire yap. Şimdi sizi "Evet" ve "Hayır" için test edeceğim. "Evet," deyin ve "Hayır," deyin. "Anneme kırgınım," deyin.*

Danışan: *Anneme kırgınım.*

(Enerji testi "hayır" cevabını veriyor.)

Vianna: *Şöyle söyle, "Annemin hayatımı mahvetmesinden özgür olabilirim."*

Danışan: *"Annemin hayatımı mahvetmesinden özgür olabilirim."*

(Bu hâlâ kırgınlık çalışması; ama henüz bitmedi.)

Vianna: *Gerçek bir annenin nasıl hissedilmesi gerektiğini bilmek ister misiniz? Gerçek anne sevgisi nedir? Yaradanın gerçek anne sevgisini?*

Danışan: *Evet.*

Vianna: *Harika bir anne olmanın nasıl, ne zaman ve mümkün olduğunu bilmek ister misiniz?*

Danışan: *Evet.*

Vianna: *"Annem üzerinde çalışabilirim," deyin.*

Danışan: *Annem üzerinde çalışabilirim.*

(Enerji testi "Evet" yanıtı verir.)

Vianna: *Şöyle söyle, "Sezgilerim bana, annemin başka bir şifacıyla çalışmasının daha iyi olacağını söylüyor."*

Danışan: *Sezgilerim bana annemin başka bir şifacıyla çalışmasının daha iyi olacağını söylüyor.*

(Enerji testi "hayır" cevabını veriyor.)

Vianna: *"Yapmak zorunda hissetmeden, annem üzerinde çalışabilirim," de.*

Danışan: *Yapmak zorunda hissetmeden annem üzerinde çalışabilirim.*

(Enerji testi "Evet" yanıtı verir.)

Vianna: *İyi bir şekilde hayır demenin nasıl olduğunu bilmek ister misiniz?*

Gördüğünüz gibi bazı kırgınlıkları kaldırdık; ancak bu düzenli seanslardan biri olsaydı, danışanın inanç çalışması tamamlanmış sayılmazdı. Diğer tüm kazma yaklaşımlarını gerektiği gibi kullanırdım ve danışanın, hem şifacı ve hem de anne olma inançları üzerinde çalışmaya devam ederdim.

Kazma Çalışmasına Devam Edin

Her inanç, bize bir şekilde hizmet ediyor. İnancın danışana nasıl hizmet ettiğini ortaya çıkaramazsanız, serbest bırakılıp yeni bir inançla değiştirildikten sonra bile beyinleri, onu tekrar yaratır. Kırgınlığın arkasındaki nedeni bulun ve değiştirin, böylece danışan ilerlemeye devam edebilir. Negatif inancı kalıcı olarak kaldırabilmek için aşağıdaki soruları sorun:

- Bu inançtan ne öğreniyorsunuz?
- Size nasıl hizmet ediyor?
- Bu inanç sizi güvende mi tutuyor?
- Bu kırgınlık size nasıl hizmet ediyor?

Örnek 1:

Uygulayıcı: *Bu kırgınlık size nasıl hizmet ediyor? Bundan ne elde ediyorsunuz? Ondan ne öğreniyorsunuz?*

Danışan: *Mükemmel olmayı öğrendim. Annemin beklentilerini karşılamak için yapabileceğim her şeyde, olabileceğimin en iyisi olmayı öğrendim.*

Örnek 2:

Uygulayıcı: *Size nasıl hizmet etti? Ondan ne öğrendiniz?*

Danışan: *Kendi çocuklarımı asla dövmemeyi öğrendim. Kendimi memnun etmeyi ve bağımsız olmayı öğrendim. Yalnız olmanın daha güvenli olduğunu öğrendim.*

Uygulayıcı: *Başarısız olmadan bağımsız olabileceğinizi yükleme iznim var mı? Sevgi alabileceğinizi ve yalnız kalmak zorunda kalmadan güvende olduğunuzu?*

KAZMA YAKLAŞIMI 3: HASTALIK 1

Hastalığın üzerinde çalışılması uzun zaman alabilir; çünkü bunun dramına bağımlı olmak kolaydır. Ek olarak, yukarı çıkıp, "Yaradan, kaç inancın değişmesi gerekir," diye sorduğumuzda, uzun bir liste alıyoruz. Ama sormamız gereken şey şudur: "Bu kişinin iyileşmesi için hangi inançların değiştirilmesi gerekiyor?" Böylelikle liste, daha kısa olacaktır; çünkü şifacıyı bulduklarında iyileşmeye hazır olabilirler. Ancak bunların hepsi, danışan-uygulayıcı etkileşiminde bir şeyleri ortaya çıkarabilmeye bağlıdır. Eğer danışan hasta ise yapılacak ilk şey, şifa çalışması yapmak ve iyileşiyorlar mı diye bakmaktır.

Vücudunun her yerinde kanser olan ve birkaç kemoterapi almış bir danışanım vardı. O atak ve gözü pekti. Onun iyi bir şifacı olduğunu fark ettim ve sordum, "Bu kanseri düzeltmek için ne yaptın?" Yaptığı farklı şeylerin uzun bir listesini verdi. O konuşurken ben yukarı çıktım ve, "Tanrım, neye ihtiyacı var?" diye sordum.

Bana küçük bir inanç çalışmasına ihtiyacı olduğu söylendi. Düzenli olarak ona şifa çalışması yapmaya başladığımda enerji, vücudundan geçip gitti ve hiçbir etkisi olmadı. Bu karşılık bana kalbinin kırık olduğunu belli etti, bu yüzden ona, kalp-şarkı alıştırmasını verdim (İleri *ThetaHealing* kitabında anlattığım) ve tekrar birlikte çalışmadan önce yapmasını söyledim. Alıştırmadan sonra onda değişiklik oldu. Uzun bir liste bekliyordum; ama işin temelinde sadece kırık bir kalp vardı.

Hastalığın neden ve ne zaman yaratıldığını öğrenin.

Kazma Çalışması

Temel/kök inancı ortaya çıkarmak için aşağıdaki işlemi kullanın:

1. Hastalığın neden ve ne zaman oluştuğunu anlayın.
2. Sorunların ne olduğunu bulun ve sonra ilk iki kazma yaklaşımını kullanarak daha derin kazmaya başlayın.
3. Danışana hastalığın ne zaman başladığını sorun. Danışan bilmediğini söylüyorsa, yukarı çıkıp Yaratıcı'dan yardım isteyin.
4. Hastalık başladığında yaşamlarında neler olup bittiğini sorun. Ardından sorunu çözmek için daha derin kazma yapın.

Hastalığın neden yaratıldığını ve kişinin neden hastalandığını keşfetmek için aşağıdaki soruları sorun:

- İlk ne zaman hastalandın?
- Hastalık ne zaman başladı?
- Hastalandığın sırada hayatında neler oluyordu?

Örnek:

Aşağıdaki hikâyede hastalığın, birinin hayatına nasıl olumlu yönler getirebileceğinin güzel bir örneği gösterilmektedir.

Kadının biri yolda yürürken ona bir otobüs çarptı ve kırılan kemikleri ameliyat gerektiriyordu. Ameliyat için onu açtıklarında kanser olduğunu öğrendiler. Şimdi kırık kemikleri ile beraber kanser tedavisine başlamıştı; ama hiçbir şey işe yaramadı. Hastaneden taburcu edildikten sonra beni görmeye gelmeden önce hem diğer ThetaHealing uygulayıcılarıyla hem de diğer farklı yöntemlerle çalışmıştı. Doktorlar ondan vazgeçmişti ve benim önümde otururduğunda: "Kimse bana yardım edemez. Ben ne yapayım?" diyordu.

Bu durumda, hastalık ilk başladığında neler olduğunu öğrenmeyi seviyorum.

Vianna: *İlk ne zaman kanser oldun?*

Kadın: *Ne zaman kanser olduğumu bilmiyorum. (Yaradana sorduğumda bana, yedi yıl boyunca sahip olduğu söylendi.)*

Vianna: *Yedi yıl önce ne oldu?*

Yedi yıl önce neler olup bittiğini ilk sorduğumda hatırlayamadı. İlk başta, o dönemde her şeyin mükemmel olduğunu söyledi. Böyle bir durumda Danışana eve gitmesini ve hastalık başladığında hayatlarında olup biten her şeyi gözden geçirmesini söylemelisiniz. Eve gitti, günlüğünü buldu ve o dönemde hayatında olan biten her şeyi yazdı.

Ertesi gün tekrar konuştuk. Yedi yıl önce hâlâ evli olduğunu ve kocasının, çok bakım gerektiren annesini eve getirdiğini söyledi. Anne ona çok kaba davranıyordu, bu sebeple kocasına gitti ve ona, "Ya ben ya da annen," gibi bir ültimatom verdi. Bunu sormak genellikle kötü bir fikirdir, sizce kimi seçmiştir dersiniz? Bu doğru, annesini. Bu yüzden kocasına, "Seni bırakacağım," dedi ve ayrıldı. Böylece evliliği sona ermişti ve çocukları ona kızmıştı.

Yetişkin hayatının tamamını kocası ve çocukları ile geçirdikten sonra, artık kendisinden başka hiçbir maddi (veya duygusal) destek alabileceği kimse kalmamıştı.

Vianna: Kanserden beri hayatında iyi olan ne oldu?

Kadın: Kocam ve çocuklarım kanser olduğumu öğrendiğinde, kocamla tekrar bir araya geldim ve çocuklarımla ilişkim düzeldi. Kayınvalidem bile benimle konuştu ve bana medenice davrandı.

Kayınvalidesinin eve taşınma stresine, eşinden ve çocuklarından gelen sevgi eksikliğine bağlı olarak yarattığı kanseri bırakacağını mı düşünüyorsunuz? Her şeyini yitirmişti ve şimdi kanserden dolayı hayatı ona geri dönmüştü.

Vianna: Kanserden kurtulursan kocan seninle kalacak mı?

Kadın: Hayır, kalmayacak.

Asıl meseleler çözümlenmemişti bu yüzden mümkün olduğu kadar uzun süre hasta kalacaktı, ben de şu şekilde inanç çalışması yapmaya başladım:

- "Ben sevilebilirim."
- "Hasta olmadan sevilebilirim."
- "Hasta olmadan güçlü olabilirim."
- "Ailem beni hasta olmasam da sever."

Kanser üzerinde çalışmadık ama kanser olmadan sevilebileceği üzerinde çalıştık. Bu konular üzerinde çalıştıktan sonra kanser için şifa çalışması yaptık. İki veya üç hafta sonra, beni arayarak kanserin duraksamaya girdiğini söyledi.

Onunla yaptığım inanç çalışması özellikle kanserin üzerinde değil, aşağıdaki programlarda oldu:

- "Hasta olmadan sevilebilirim."
- "Hasta olursam kocam benimle kalır."
- "Ailemle kalmak için hasta olmalıyım."

KAZMA YAKLAŞIMI 4: HASTALIK 2

Hastalığın danışana nasıl hizmet ettiğini öğrenin. Danışandan geleceğe gitmesini ve hastalık geçtikten sonra iyileştiklerinde ne olacağını söylemelerini isteyin. Bu yeni durumla nasıl başa çıkacaklar?

Buna bir örnek, diyabeti olan bir danışandır. Ona, gelecekte tamamen iyileşmiş olduğunda ne yapacağını sordum. Bunu sordum; çünkü diyabetin ergenlik sırasında başladığını biliyordum, bu yüzden sağlıklı hissetmenin nasıl bir şey olduğunu hatırlayabilecekti.

Bana diyabet olmazsa fiziksel olarak daha aktif olacağını ve arkadaşlarıyla birlikte olmak üzere şehirden ayrılacağını söyledi. Bu geleceği hayal ettiği zaman yüzünde bir sağlık enerjisi belirdi; ama hemen ardından dehşet içinde kaldı.

"Sağlıklı olursam, karım beni terk edecek; çünkü arkadaşlarımdan hoşlanmıyor ve açık havadan hoşlanmıyor. Şehir hayatını seviyor ve diyabetim ortak olan tek şeyimiz. Bununla ilgilenmeme yardım ediyor. Eğer iyi olursam ya o beni terk eder veya ben onu terk ederim. "

Sonra da ona bazı ilgi alanlarını ve doğa sevgisini karısıyla paylaşabilmesi için birkaç şeyi değiştirmek isteyip istemediğini sordum. Ancak değişime açık olmak yerine reddetti ve çalışmayı sonlandırdı.

Bazen insanlar hasta olmaktan daha fazla, iyi olmaktan korkarlar. Örneğin, tıbbi yardımları kaybedeceklerinden ve tekrar çalışmak zorunda kalacaklarından korkabilirler. Danışanın hastalığının arkasındaki gerçek motivasyonunu öğrenin. Bu inancı değiştirin, böylece danışan tamamen iyileşmek için motive olur.

Kazma Çalışmasına Başlayın

Birinin neden hasta olduğunu bulmak için şunları sorun:

- İyileşirsen ne olacak?
- Tamamen iyileşmiş olsaydın ne olurdu?
- Hastalık size nasıl hizmet etti ve bu durumdan olumu olan ne elde ettiniz?
- Hasta olmaktan ne öğrendiniz?

Eğer odakları iyileşmek değilse, herhangi biri nasıl sağlıklı olabilir?

Aşağıda beni görmeye gelen HIV'li bir adamla yapılan konuşma, iyi bir örnek teşkil ediyor.

Vianna: *Tamam, sende HIV var. İyileşirsen ne olacak?*

Adam: *Oh, iyileşmek istemiyorum. Sadece viral yükümü azaltmanı istiyorum. Gitmesini istemiyorum; çünkü eğer giderse babamı ve ailemi kaybedeceğim.*

Vianna: *Ne?*

Adam: *Babam eşcinsel olmamdan nefret etti ve beni reddetti. Ama şimdi bende HIV var ve o yine hayatımda. Daha iyi besleniyorum, kendime daha iyi bakıyorum ve yine bir ailem var.*

Vianna: *HIV olmadan da hepsine sahip olabileceğinizi bilmek ister misiniz?*

Adam: *Hayır, iyileşmek istemiyorum. Sadece virüs yükümü azaltmak istiyorum, böylece AIDS'e dönüşmez.*

Vianna: *Babanın seni hasta olmadan da sevebileceğini bilmek istemez miydin?*

Adam: *Hayır, babamı tanıyorum. Tek istediğim bu.*

Bu konuşma bana, adamın neden HIV'i tuttuğunu gösterdi. Babasının sevgisi daha önemliydi. Bu yüzden istediğini yaptım ve virüs yükü azaldı. Danışanlara, "Meme kanseri olduğunuzdan bu yana size neler oldu?" diye sorduğumda çoğu, "Ailem bir araya geldi," der. Bu pozitif enerjiler hastalığa tutunur; çünkü biz Tanrının kıvılcımlarıyız ve her şeyi bir amaç için yaratıyoruz.

Kısa liste ve Uzun Liste

Her insanın iyileşmek için yapması gerekenlerin uzun bir listesi var. Uzun bir liste çok bunaltıcı gelebilir, bu yüzden kısa listeyle başlamak en iyisidir. Uzun liste, tüm seviyeler boyunca yaşamın tümüne aittir; kısa liste ise sadece hastalığa odaklanmıştır. Öncelikle kısa vadeli sorunların çözümü ve sonra uzun vadeli esenlikleri üzerinde çalışın; böylece ne siz ne de danışanınız bunalmış olur.

Bazı şifacılar, danışanlarını yaşatma çabaları yüzünden kendilerini onlara bağlarlar. Buna dikkat etmek gerekir. Eğer danışan iyileşirse onlara hâlâ bağlı kalacaksınız. Danışan başka bir boyuta giderse yine onlara bağlısınızdır. Hatırlayın, hasta olan herkes sevimli değildir. Kaba insanlar da hastalanır.

Danışanınız hasta olduğunda size ihtiyacı olduğunu düşünüyorsanız onların, hasta olduklarında Yaradana ihtiyaçları olduğunu hatırlayın. Siz bir tanıksınız. Bir danışanın son umudu olduğunuzu hissetmenin baskısı ile baş etmek zor olabilir. Kendinizi duygusal olarak olayın içinde ve Yaradana yalvarırken bulabilirsiniz; "Lütfen Tanrım, lütfen Tanrım, bu kişiye yardım et."

KAZMA YAKLAŞIMI 5: YARATIM

Bu yaklaşım, danışanın zihnini serbest bırakmak için kazmayı kullanır, böylece hayallerini gerçekleştirebilirler. Yaratım yapmak için kazmak, danışanın istediği şeye sahip olduğunda gelecekte ne olacağına odaklanmaktır. Bu, danışana istediklerine sahip olmanın nasıl bir şey olacağını hayal etmesini sağlamak anlamına gelir.

Bolluğu yaratmak sadece maddi zenginlik istemekle ilgili değildir; çünkü evren paranın kâğıttan yapıldığını bilir ve bilinçaltı da öyle. Bunun yerine, parayla ne yapacağınızı gösterin ve sonra evrenin boşlukları doldurmasına izin verin.

Hedefler Listesi

Ruhun odağını korumak için her yıl, bir hedefler listesi oluşturmazsak kendimizi eğlendirmek için en tuhaf problemleri ortaya çıkarabiliriz; çünkü zorluklar olmazsa sıkılabiliriz. Bunu hem birçok öğrencimde hem de kendimde gözlemledim. Hayatımızın tüm alanlarında yaratım yapmıyorsak evren, bizim için boşlukları doldurur.

Bu nedenle evrene, sizin aleyhinize çalışmak yerine sizin için çalışan sürekli bir yaratım listesi vermeniz çok önemlidir. "Hayatımda her şey mükemmel, hiçbir şey istemiyorum," diyorsanız evren, sizin için bir şey yaratacaktır ve bu istemediğiniz bir şey olabilir. Örneğin, yeni bir kristal istiyorsanız, "Yeni bir kristal almak için 15.000 dolara ihtiyacım var," diyebilirsiniz. Halbuki, istediğiniz para değil kristaldir. Bu şekilde, biri size bu kristali verdiğinde (çünkü evlerinde çok fazla yer kaplıyor olabilir ve sizin bunu takdir edeceğinizi bilirler) bu kristalin size maliyeti 15 dolar olabilir. Bunun ne sıklıkta olduğuna şaşıracaksınız.

Bir seferde yalnızca bir şeyi hedeflemenin sorunu, şifacıların çok sezgisel olmasıdır ve eğer bir listeye sahip olurlarsa bilinçaltı, onu bir "alışveriş listesi" gibi ele alacak ve konuları birer birer kontrol edip gerçekleşmelerini sağlayacaktır. Bilinçaltınıza çalışması için verdiğiniz tek şey finansal güvenlik ise, bu hedefi tamamlaması bir ömür alabilir. Dolayısıyla, bir kerede en az on şeyi hedeflemek daha iyidir.

Kutsal Zamanlama İle Senkronize Olmak

Yıllar önce yapmam gerektiği gibi yaratım yapmadım, bu yüzden evrenin boşlukları doldurmaması için bir yaratım yapmaya karar verdim. Derslerim için organik sebzeler yetiştirebileceğim bir yer istediğime karar verdim ve on dönümlük araziyi hedefledim ve bir hafta içinde kocamın babası, bize 250 dönümlük bir çiftlik verdi. Bu ilk başta biraz bunaltıcıydı; çünkü yer çok fazla bakıma ihtiyaç duyuyordu ve bu yüzden organik sebze yetiştirmeye başlamam biraz zaman aldı!

Kendime şöyle sordum: "Şimdi bir çiftliğim var, onunla ne yapacağım?" Başlangıçta çiftlik, inekler için kışlama alanı olarak kullanıldı, ancak inekler konusunda çok iyi değildim, bu yüzden at yetiştirmeye karar verdim.

Ladyhawke (Türkiye'de *Dişi Şahin* olarak gösterilmiştir) filmini izlediğimden bu yana, Friesian atlarını yetiştirmek istemiştim; filmdeki siyah Friesian atı çok görkemli ve zarifti. Friesian soyu Hollanda'dan gelir ve ilk başta şövalyeleri savaşa taşımak için yetiştirilirdi. Fakat atlı bir şövalyeye duyulan ihtiyacın modası geçince, arabaları sürme ve hafif sürüş için kullanılmaya başlandı. Friesian bir ata sahip olma arzum tam odaklanmamıştı: Bir tane istediğimi biliyordum, ama bu arzu henüz hayatımın geri kalanına uygun değildi.

Gerçekte atları yetiştirmektense onları seyretmeye daha uygun olduğumu biliyordum ve benim için onunla ilgilenecek birine ihtiyacım olacağını biliyordum. Bu yüzden internetten kısrak satın almak üzere aramaya başladım ve sevdiğim birini bulduğumda Yaradana sordum, atı sordum ve, "Eğer bu at olduğu yerde kalırsa ölecek," diye söylendi.

Yaradan ile yapılan bir konuşmada, "Bu atı kurtarabilir miyim yoksa yine de ölecek mi?" gibi çok çeşitli sorular sormak en iyisidir. Ama bu önemli soruyu sormadım ve atı satın aldım, böylece onu kurtarabilecektim. Kısrağı Kaliforniya'dan çiftliğime gönderttim ve yaklaşık iki hafta sonra öldü. Kızımın mesajını aldığımda sesi ilk başta beni korkuttu; çünkü ailedeki biri ölmüş gibi davranıyordu. Bu başta beni üzdü, ama ölenin atım olduğunu ve çocuklarımdan birinin olmadığını öğrenmek beni çok rahatlattı.

"Tanrım, bu at neden öldü?" diye sordum.

Şöyle dendi: "Vianna, mesajı dinlemedin. Ölü bir at alırsan, ölü bir at alırsın. Kaliforniya'da verilen tahıl onu hasta etti."

(Bana söyleneni dinleseydim bu dersi almazdım.)

Veteriner hekim, ölüm nedenini bulmak için kısrağa testler yaptı ve dokularında bol miktarda ergot (küflü tahıl) izleri buldu. Bu küf türü, Kaliforniya'da önemli bir sorundur ve büyük olasılıkla tahıl depolama ünitesine nem girmesinden kaynaklanmaktadır. Bu küf türü hamile bir at için ölümcül olup veteriner hekim atın, bir süre bu ölümcül yemle beslendiği görüşündeydi.

Sigorta atın maliyetini karşıladı. Daha azimli; ama çok daha bilgece aynı yaratımı çok daha katı bir kriter altında tekrar yapmaya karar verdim. Bir at kaybettiğimden beri, iki atı hedeflemeye karar vermiştim ve Carolina'dan iki Friesian buldum. Ama bu sefer öğrettiğim hayvan sınıfının temsili olarak, ThetaHealing'in himayesinde tezahür ettim. Bu, benim için çalışması için atlarla ThetaHealing arasında doğrudan bir ilişki olması gerektiği anlamına geliyordu. Yaptığım diğer değişiklik ise cinsin kurtarılmasına yardımcı olmak için üst sınıfta yer alan Friesian atlarını yetiştirmekti.

Ayrıca bu, kutsal zamanlamanızı bilmek ve yaratımları ona karşı değil, onunla ilişkilendirmek için çok önemlidir. Kutsal zamanlamanız bir milyon insanı etkilemekse ve siz, ıssız bir adada yalnız yaşamak istediğinizi belirtiyorsanız, bunu muhtemelen elde edememeniz çok olasıdır. Fakat eğer bu ıssız ada, bir milyon insana ilham vermek için kullanılacaksa, hedefinize en iyi şekilde ulaşabilirsiniz.

Kutsal zamanlamanızla senkronize olduğu sürece her şeyi tezahür ettirebilirsiniz.

Ruh Eşleri ve Şifa Merkezleri

Yaratım yaparken, hedefinize sahip olmanın nasıl bir his olduğunu hayal edin ve gerçekleştikten sonra bunun sorumluluğunu alın. Başka bir deyişle, bir at alırsanız onunla ilgilenmek zorundasınız ve bir ruh eşi için yaratım yaparsanız, onlarla birlikte yaşamak zorunda kalacaksınız.

Genellikle insanlar, ruh eşi yaratmak istediklerini söylerler; ancak aslında istedikleri uyumlu bir ruh eşidir. Ne de olsa çoğumuz, ihtiyaç duyduğumuzda dolaptan çıkarıp kullanabileceğimiz bir eş siparişi vermek istemiyoruz. Beyni olan birini istiyoruz ve bu kolay değil. Şifacılar olarak, özellikle hiçbir şeyin kolay olmasını istemiyoruz. Bununla birlikte, bazen ilahi bir yaşam partneri olmalarına izin vermeye hazır olana kadar sadece uyumlu bir ruh eşi tezahür ettirmek daha iyidir. İlahi bir yaşam partneri istiyorsanız önce, kişinin size hazır olup olmadığını ve sizin onlar için hazır olup olmadığınızı sormanız gerekir. Onunla tanışmadan önce on yıl boyunca Guy'ı hayal ettim. Onunla daha erken tanışsaydım bu kadar iyi anlaşamazdık. Her şey yolunda gitti; çünkü ikimiz de birbirimizle tanışmaya hazırdık.

Basitçe söylemek gerekirse, bir yaratım yaptığınızda onu elde edebileceğinizi anlayın. Bilinçaltınız bunu almanın çok fazla tehlike, çok fazla stres getireceğini veya sizin için çok fazla olacağını düşünüyorsa, yaratımın gerçekleşmesini durduracaktır. Bu ayrıca, bilinçaltınızın yaratımı engellemesinin sebepleri üzerine çalışmanın önemli olmasının nedenidir.

Her zaman sorun, "Bu gerçekleşirse ne olur?"

Örneğin, birçok şifacı bir şifa merkezi yaratmak ister. Bunu duyduğumda genellikle şöyle derim, "Deli misin? Gerçekten diğer şifacılarla beraber bir şifa merkezinde çalışmak ister misin? "

Sonuçta, bir şifa merkezi ideal ortam gibi görünüyor; ancak şifacıların kişiliklerinin bir araya gelmesi gerçekte çok farklı olabilir ve rekabet, her zaman bir faktördür. Bu yüzden, eğer bir şifa merkezi yaratımı listenizdeyse; ahlaklı, dürüst, birlikte çalışabilen ve aynı zamanda iyi bir muhasebeci olan şifacıları tezahür etmenizi öneririm.

Belki başarılı bir şifacı olduğunuzun yaratımını istersiniz; ama bunu gerçekten istiyor musunuz? Günde altı randevunuz olduğunu ve danışanlarınızdan her birinin iyileştiğinde ne olacağını düşünün? Ertesi gün, elli tane telefon görüşmesi yapacaksınız. Peki, ya o 50 kişiden her biri de iyileşmişse? Haftanın sonunda, şifa çalışması isteyen 1000 kişi olabilir. 1000 kişinin sizden şifa çalışması istemesi durumunda ne olurdu? Ve eğer bir şekilde bu insanları iyileştirebilecekseniz, 10.000'i daha sizin şifa çalışmanızın peşinde olacaktır (ağlayan, hasta ve şifalar için yakaran insanlar). Bir noktada, başarılı bir şifacı olmak boğucu hale gelecektir, bu yüzden şifacılar bir seferde, sadece birkaç kişinin iyileşmiş olmasını isterler.

Danışanlarınız iyileşmiyorsa, daha iyi bir şifacı olmayı öğrenmeniz gerekir. Daha iyi bir şifacı olmak için Yaradanın şifacı olduğunu bilin ve danışanın inancını bulun; ancak kendisi istemiyorsa kimsenin iyileşmesini sağlayamayacağınızı da bilin. Danışanlarınıza onlarla çalışabileceğinizi; ancak şifacının Yaratıcı olduğunu söylemek önemlidir.

Daha iyi bir şifacı olmayı gerçekleştirmek için onunla ilgili korku, kuşku ve inançsızlıkları giderin. İyi kalpli, saygılı olmanız ve yargılayıcı olmamanız gerektiğini anlayın. Daha iyi bir şifacı olmayı tezahür ettirirseniz ve doğru yeteneklere sahip değilseniz evren, size bunları öğretmek için çeşitli durumlar getirecektir; çünkü tüm yaratımların kendisiyle ilişkili sonuçları vardır.

Kazma Çalışmasına Başlayın

Danışandan, harcayabileceklerinden çok daha fazla paraları olsaydı hayatlarıyla ne yapacaklarını imgelemelerini isteyin. Ardından, danışandan sonucu imgelerken aşağıdaki soruları sorarak durumu incelemesini isteyin:

- Neredesin?
- Nasıl hissediyorsun?
- Yanında kim var?
- Aileniz / arkadaşlarınız / ruh eşiniz bu bolluğa nasıl tepki veriyor?

Kazma Çalışmasına Devam Edin

Danışanın, imgelemelerde rahatsız hissetmesine neden olan sorunları keşfedin ve bolluk yaratmalarını engelleyebilecek sorunları çözmek için daha derine kazmaya başlayın. Sorunları belirlemek için sorular sorun ve danışanın istedikleri kadar bolluğa sahip olduklarını imgelemeye teşvik edin.

Danışandan şunları imgelemesini isteyin:

- İstediğin kadar paraya sahip olsaydın ne yapardın?
- İstediğin kadar paraya sahip olsaydın nerede olurdun?
- İstediğin kadar paraya sahip olsaydın kendini nasıl hissederdin?
- Nerede yaşardın?
- Yanında kimler var? Nasıl görünüyorlar?
- Hayatında önemli biri var mı, varsa ailen ve arkadaşların bu paraya nasıl tepki veriyor?
- Ailen ve arkadaşların yaratımınıza nasıl tepki veriyor?
- Başarılı olursan hayatındaki hangi kişi ya da kişiler sana tepki gösterirdi?
- Sana ne derlerdi?
- İstediğin her şeye sahip olursan ne ters gidebilir?
- İstediğin her şeye sahip olsaydın, olabilecek en iyi şey nedir?

KAZMA YAKLAŞIMI 6: GENETİK

İnançlar için enerji testi yaparken danışanın, ortaya çıkan bazı programlar hakkında bilinçli bir farkındalığı olmadığı zamanlar olacaktır. Bu olduğunda, danışanın kafası karışabilir ve kazma çalışmasına devam edilmesi zorlaşır. İnançlar, genetik olduğunda (atalarından DNA ile geçtiği zaman) bu senaryonun gerçek olması muhtemeldir. Örneğin, danışan belirli kişilere karşı önyargı, öfke veya kırgınlık hissediyor olabilir. Atalarının inançları artık hükümsüz olabilir ve onlara şu anki yaşamlarında hizmet etmeyebilir.

Atalarımız

İnancın nereden geldiğine dair cevapları bulamıyorsanız, danışanın atalarına bakmanın ve şu soruları sormanın zamanı gelmiştir:

- Nasıllardı?
- Neye inandılar ve inançları onları ne kadar etkiledi?
- Onlardan ne tür enerjileri miras olarak aldılar?

Bir keresinde, acil bir durum sebebiyle, oğlumun eğitmenlik yaptığı bir sezgisel anatomi sınıfını devraldım. Sadece on öğrenci vardı ve hiç bu kadar küçük bir sınıfa ders vermemiştim, hatta temel dersi bile. Bilirsiniz, sınıf ne kadar küçükse o kadar çok soru sorulur. Bu uygun olsa da öğrencilerin sizi işinizden alıkoyabileceklerini ve tribünlere oynama fırsatı verildiği anlamına gelir, aynı zamanda öğrenme ortamına uygun olmayan davranışlarda sergilenebilir.

Ortada inanç çalışması göstermenin zamanı gelmişti ve öğrencilerden biri; yirmi bir yaşında, Oğlak burcu, her şeyi bildiğini ve herhangi bir inanç çalışmasını reddedecek kadar mükemmel olduğunu düşünen İngiliz bir gençti. Seminerin ilk haftasından ve birlikte yaptığımız karşılıklı inanç çalışmalarından sonra, diğer öğrenciler giderek ona daha fazla sinirleniyordu.

Diğerlerinde ki kusurlara hızlıca dikkat çekerken kendisinin hiçbirine sahip olmadığını düşünüyordu. Diğer öğrenciler onun çok fazla sorunu olduğunu biliyorlardı; ancak hiçbirinin üzerinde çalışmayacaktı. Onu sınıfın geri kalanından kurtarmak için (İngiliz'i bir barbekü partisinde yemeyi düşünecek duruma gelmişlerdi), onu ortaya getirip sınıfın önünde çalışmam gerektiği ortaya çıktı:

Vianna: *Hadi biraz inanç çalışması yapalım.*

Öğrenci: *Tam olarak iyiyim, hayatımda her şey mükemmel gidiyor ve inanç çalışmasına ihtiyacım yok.*

Vianna: *"Tamam, öyleyse senin yerine babanla çalışalım ve böylece herhangi bir genetik programı miras alıp almadığını söyleyebilirsin; ama elbette, onları sadece miras aldın, onlar aslında senin değil. Onları sende değiştirebilirsek ve kabul ederse, onda da değişebilir.*

(Bu noktada canlandı.)

Öğrenci: *Bunun üzerinde çalışmayı çok isterim.*

Vianna: *Tamam, ne üzerinde çalışmak istersin?*

Öğrenci: *Babam... Ona hiçbir şey söyleyemezsin! O her şeyi bilir. Asla başkasını dinlemez; mükemmel olduğunu düşünüyor ve söylediğim hiçbir şeyi dinlemiyor. Avukat olmamı istiyor ama ben müzisyen olmak istiyorum ve onunla iletişim kurmak imkânsız. Bunu babamla ilgili olarak değiştirmek istiyorum.*

(Bu noktada diğer öğrenciler kaşlarını kaldırdı.)

Vianna: *Neden babanın böyle olduğunu düşünüyorsun?*

Öğrenci: *Evlendiklerinde annemden daha yaşlıydı. Babam bir savaş esiriydi ve yakalanmadan hayatta kalan tek müfreze üyesiydi. Hayatta kalabilmek için güvenebileceği tek kişinin kendisi olduğunu öğrendi.*

Vianna: *Başkalarının görüşlerini dinlemenin güvenli olduğunu ve kendi kararlarını verebileceğini bilmek ister misin? Dinlemenin ve hayatta kalmanın güvenli olduğunu?*

(Bu yüklemelerden sonra sınıfta başkalarıyla çalışmaya başladı.)

Sonra beni aradı ve, "Vianna, sınıfta yaptığımız bu çalışma gerçekten işe yaradı!" dedi. Babam beni dinliyor ve avukat yerine müzisyen olmak için okula gitmeme izin veriyor. Hayatımı değiştirdiğin için teşekkür ederim."

Bu atalara ait programların hayatlarımızı nasıl etkileyebileceğine ve üzerinde çalışmamız gereken bir şeyin her zaman olduğuna dair iyi bir örnektir.

Kazma Çalışmasına Başlayın

Atalara ait çalışmalara başlamanın yolu, danışanın ebeveynleriyle başlamaktır. Ebeveynlerimize bakmanın en iyi yolu ise biraz şefkattir, çünkü nasıl ebeveyn olunacağı öğretilmemiştir.

- Şu Soruları sorun:
- Ailen nasıldır?
- Neye inanıyorlar?
- Nereden geldiler?
- Annene, babana veya ebeveynlerine ne oldu?

Bazı durumlarda, danışan ataları hakkında doğrudan bilgiye sahip olmayacaktır ve sezginizin devreye girdiği yer burasıdır. Danışandan tenine dokunmasını ve inanç şeklinde neyin ortaya çıktığını görmek içine bakmasını istemeniz gerekir.

Derin seviyede kazma çalışması yaptığınız her zaman, danışanınız genetik seviyede hatta bazen genetik yatkınlıklarında bile değişim olacaktır. Açıkçası genetik eğilimler, tıpta artık iyi bir şekilde yer almıştır; ancak son bilimsel testler, travmatik bir deneyim yaşayan insanların aynı zamanda çocuklarına ve onların çocuklarına da travmayı geçirmiş olabileceğini kuvvetle gösteriyor.

Rachel Yehuda'nın önderliğindeki araştırma, bir Nazi toplama kampında bulunan, işkenceye maruz kalmış, işkenceye şahit olmuş veya II. Dünya Savaşı sırasında saklanmak zorunda olan 32 Yahudi erkek ve kadının genetik çalışmasından kaynaklanmaktadır. Araştırmacılar ayrıca, savaş sırasında Avrupa dışında yaşayan Yahudi ailelere kıyasla daha fazla stres bozukluğu olasılığına sahip olduğu bilinen çocukların genlerini de analiz ettiler. Yehuda, "Çocuklardaki gen değişiklikleri, yalnızca ebeveynlerinin Holokost'a maruz kalmasına atfedilebilir," dedi.

Ekibinin çalışması, "epi-genetik miras" olarak adlandırılan, travmanın çocuğa geçirilmesi konusunun insandaki en net örneğidir. Bu; sigara, diyet ve stres gibi çevresel etkilerin çocukların ve hatta torunların genlerini bile etkileyebileceği fikridir.

Epi-genetik çalışmaları hâlâ tartışmalıdır; çünkü bilimsel konvansiyon DNA'da bulunan genlerin, nesiller arasında biyolojik bilgi iletmenin tek yolu olduğunu belirtir. Bununla birlikte genlerimiz, çevre tarafından kendilerini her zaman DNA'larımıza bağlayan ve genleri açıp kapatan kimyasal etiketlerle değiştirilir. Son araştırmalar bu etiketlerin bazılarının, bir şekilde nesiller boyunca aktarılabileceğini yani çevremizin, çocuklarımızın sağlığını da etkileyebileceğini gösteriyor.

Araştırmacılar, özellikle travmadan etkilendiği bilinen stres hormonlarının düzenlenmesi ile ilişkili bir gen bölgesiyle ilgileniyorlardı. (4) Yehuda, "Bu gene bakmak mantıklı," dedi. Eğer travmanın bulaşan bir etkisi varsa bu, stresle ilişkili bir gende olur ve çevremizde olup bitenle başa çıkma yöntemimizi şekillendirir. (3)

Kazma Çalışmasına Devam Edin

Eğer danışan, kendilerini iyileştirmenin yanlış olduğunu söylerse muhtemelen bu, atadan kalma bir inançtır. Eski yeminler, sözler veya taahhütler (Yaradana yakın olmak için mütevazı ve fakir olmak gibi) modern yaşamda artık her zaman yararlı değildir ve danışanın iyileşmesine yardımcı olmak için değiştirilmelidir.

Örnek:

Uygulayıcı: *Neden iyileşemiyorsun?*

Danışan: *Kendimi iyileştirmem yanlış, çünkü iyileşmek bencil olduğum anlamına geliyor.*

Aşağıdaki soruları sorun ve danışana belirli bir inancının, danışanın annesinin, babasının veya bir atasının olup olmadığını sorarak genetik sorunu tespit etmeye devam edin.

- Bu annenin inancı mı?
- Bu babanın inancı mı?
- Bu atalarının inancı mı?
- Baban ya da annen üzerinde çalışabilseydin, hangi inancı üzerinde çalışmak isterdin?
- Onlara nasıl hizmet etti ve bundan ne elde ettiler?
- Onlara öğretmesi gereken her şeyi öğrendiler mi?

Eğer danışanın enerji testi "Evet" cevabı verirse danışana, "bunun tamamlandığı" ve ilerleyebilecekleri hissini yükleyin.

Atalardan gelen tüm inançlarının değişmemesi gerektiğini hatırlayın; çünkü inatçılık, mizah ve azim gibi birçoğu yararlıdır.

KAZMA YAKLAŞIMI 7: GEÇMİŞ SEVİYE

Bir Theta durumuna girmeyi öğrendiğimiz zaman, psişik duyumlarımız açılmakta olduğu için geçmiş yaşam anılarını hatırlamayı da deneyimleyebiliriz. Bu, bir uygulayıcı olarak danışana bu hassas zaman boyunca rehberlik edebilmeniz için farkında olmanız gereken bir şeydir. Danışan hatıralarla çok fazla meşgul olursa bu, neyin önemli olduğunu anlamalarını ve ilerlemelerini zorlaştıracaktır.

Bu nedenle, geçmiş düzeydeki inançlar bir kazma çalışması sırasında ortaya çıktığında, geçmiş yaşamın tamamlandığını kontrol etmek için danışana enerji test uygulamanız gerekir. Bir "Evet" yanıtı alırsanız, bu konuların tamamlandığını yükleyebilirsiniz. Eğer "Hayır" cevabı alırsanız, danışana geçmiş yaşamlarından neler öğrendiklerini sormalısınız.

Genel olarak, danışanların yalnızca yüzde onunda bu seviyede çalışılması gerekecektir. Aslında ThetaHealing derslerine gelen insanların çoğu, Üçüncü Seviyenin enerjisinden mezun olmuşlardır ve geçmiş yaşamları çözümlenmiş durumdadır; ancak yine de bu, onları hatırlamalarını engellemiyor.

Geçmiş seviyedeki inançlarla çalışırken genellikle ilk hatırlanan, en trajik olaylardır. Okumalarda, insanların her zaman önce zorluklar hakkında konuştuğunu ve geçmiş bir yaşamda sıkışıp kalmanın inanç çalışmalarında gerçek bir soruna yol açabileceğini göreceksiniz. Bu deneyimlerden doğru bir şekilde yararlanarak yaşamaya devam etmedikçe, geçmiş yaşam enerjileriyle tüketilmek kolay hale gelir. Bizim odağımız, bu gezegenin burada ve şimdi uyanmasına yardımcı olmak olmalıdır.

İyi olan başka bir zamanı ve mekânı hatırlamaya yardımcı olsa bile birçok iyi psişik, geçmişte takılıp kalmıştır.

Otuz bir yaşımda bazı serbest bırakma çalışmalarını yaparken, ikinci önemli geçmiş yaşam tecrübemi yaşadım. Öyle güçlü bir anıydı ki üzerine yattığım masaj masası kırıldı, sebepsiz yere ikiye bölündü. Anı çok ayrıntılıydı: Mısırlı bir rahibeydim ve kalbimi kesip çıkardılar.

O zamanın anısıyla o kadar meşgul oldum ki bir yılımı daha fazlasını hatırlamaya ve sorunları çözmeye çalışarak geçirdim. Şimdi, tamamen tüketilemediğim için şanslı olduğuma çok seviniyorum.

İlk önce geçmiş yaşam deneyimlerimden hatırladığım şey, sizi seven insanların size ihanet ettiğiydi. Fakat Yaradana bu yaşam süresini sorduğumda bana şöyle söylendi: "Bu inancı değiştirmelisin ve hayır, öğrendiğin şey bu değil." Sonra Yaradan bana o yaşamdan öğrendiğim erdemleri gösterdi; bu, benim yaşamdan yaşama taşıdığım erdemlerin çoğunu edindiğim iki yaşamdan biriydi.

Bildiğim diğer bazı psişikler benim kadar şanslı değildi. Örneğin, tanıdığım bir psişik geçmiş bir yaşamda, Şef Kızıl Bulut[1] olduğunu hatırladı. Bu geçmiş yaşam anısı ile o kadar tüketildi ki zihinsel istikrarı etkilendi ve insanlara Şef Kızıl Bulut olduğunu söyleyerek kendini hapishanede buldu. Hatırlayın, geçmiş yaşam anılarının birçok nedeni vardır; genetikten veya diğer etkilerden gelebilirler.

Bazı insanlar bu özleri toplarlar ve yoksulluk yeminleri gibi geçmiş yaşamlardan inançları taşırlar. Bir uygulayıcı olarak sadece yukarı çıkıp, basitçe onun çekilmesini emredebilirsiniz. Bununla birlikte, bazı seviyelerdeki yeminler bir sebepten dolayı verildi ve onu silmeye çalışmak kendisini yeniden getireceğinden hiçbir işe yaramayacaktır. Ancak, geçmiş yaşam deneyiminin geçerli olduğunu kabul ederseniz, yemin enerjisi tamamlanıp değiştirilerek mevcut yaşamda dönüştürülebilir. Ardından yemin veya

1 19. yüzyılda yaşamış en önemli Lakota Kızılderilileri Şefi.

taahhüttün tamamlanıp tamamlanmadığını görmek için danışana enerji testi uygulayabilirsiniz. Danışanın net bir şekilde hatırladığı bir şey varsa onlara, o yaşamdan ne öğrendiklerini sorabilirsiniz.

Bazen psişikler, geçmiş yaşamları asıl problemlerle uğraşmamak için bir paravan olarak kullanırlar. Bir danışan, geçmiş yaşamlar hakkında konuşmaya başladığında bazı şifacılar, "Şifacı olduğum için öldürüleceğim," mazeretini kullanacak ve bir şifacı olarak ilerleyemeyecektir. Geçmişte, şifacıların çoğu için bu geçerliydi; bazen başarı ve tanınma bizi başarısızlıktan daha fazla korkutur. Ancak bu aynı zamanda bu programları çözmeye çalışmamızın da nedenidir; çünkü bu bizim görevimizdir, buraya gelme sebebimizdir.

Her yaşamda farklı erdemler elde ederiz; ancak, diğerlerinden daha fazla erdem elde ettiğimiz iki veya üç yaşam vardır. Bunlar bizim en çok hatırladıklarımızdır ve ben onlara, "mezun edici yaşamlar" diyorum. Üstatlar olarak bu varoluşta, erdemlerin en yüksek düşünce titreşimleri olduğunu hatırlayıp elde ettiğimiz ve ustalaştığımız tüm erdemleri hatırlamaya çalışıyoruz, *Varoluşun Yedi Seviyesi* kitabımda, iyi bir şifacı olmak için gereken erdemleri listeliyorum.

Geçmiş Yaşam İnançları

Gerçekte hepimizin, Yaradandan şifa istemeye doğuştan hakkı vardır; fakat bazı erdemlerimiz varsa, şifa çalışmaları daha tutarlı olacaktır. Şifa çalışmaları için gerekli erdemlerden biri, iyi kalpliliktir. Üstat, iyilik erdemini hatırladığında iyilik erdemine hâkim olduğu yaşam da aklına gelecektir.

Kitapta daha önceki bölümlerinde tanımladığım gibi, inançların bir bireyde tutulduğu dört seviye vardır:

- Öz Benlik
- Genetik
- Geçmiş
- Ruhsal

Geçmiş seviyeye devraldığımız inançlardan bazıları, geçmiş yaşam inançlarını ve kolektif bilinç inançlarını içerir.

Geçmiş seviyede, bizleri olduğumuz kişi yapan ve büyümemize yardım eden enerjik anılar vardır. Bununla birlikte, bu deneyimlerin bazılarının doğasında negatif olabilir ve bu enerjilerin çözümlenmesi gerekir. Bu durumda, danışanın travmasına ve dramına tanıklık etmeniz, bu duygusal enerjileri Tanrının ışığına göndererek çözümlemeniz ve danışanın, bu bellekten gelen tüm öğretiyi görmesine yardımcı olmanız gerekir.

Örneğin, diyelim ki birisi geçmiş yaşamında bir şifacı olduğu için yakılmış olsun. Günümüzde, o durumu bir şekilde bilinçsizce yeniden yarattıkları için, şifacı olduklarından ötürü saldırıya uğramaktadırlar. Bu durum, mevcut deneyimin acısını ve ıstırabını ortadan kaldırarak geçmiş yaşam sorununu çözmeleri gerektiği anlamına gelir. Böylece olayı yeniden yaşamaya devam etmezler; ama bir şifacı olmanın hafızasını korurlar.

Geçmiş seviye bir inanca başka bir güzel örnek de bu kitapta daha önce bahsettiğim şu deneyimdir: Joan of D' Arc (Jan Dark) olduğunu düşünen öğrenci (bkz. Sayfa 71). Kazma çalışması sırasında öğrenci, "İnançlarım için hayatımı feda etmeliyim," dedi ve Jan Dark olduğuna inandı. "Doğru" olup olmadığı ya da nereden geldiği önemli değildir. Önemli olan "inandığı şey için ölmesi gerektiği" inancını değiştirmek ve bu inancın enerjisinin tamamlanmasıdır. Sonra neye ihtiyacı varsa ona inanmayı başardı ve yine de sağlıklı bir yaşamı sürdürdü.

Danışan, her kim olduğuna inanıyorsa inansın, biz bu inancını çekmeye çalışmıyoruz; bunun yerine, soruna neden olan inancı değiştiriyoruz.

Geçmiş yaşam inançlarının varlığı, mutlaka yaşanmış oldukları anlamına gelmez. Bazı sezgisel insanlar, başka bir bireyin geçmiş yaşamının hatıralarının hayalet izlerinden ya da bir kristal gibi cansız nesnelerden alabilirler. Bu izlerin hatıraları, geçmiş yaşamlarla karıştırılabilir. Dokunduğumuz her şey, başkaları tarafından dokunulan her şey, geride bir öz bırakır. Bu enerjilerin bazıları, genetik hafızalardan veya Akaşik kayıtlardan gelebilir. Doğru zihinsel durumdayken, örtüşen bu hafızaların bir kısmını deneyimleyebiliriz.

Kolektif Bilinç İnançları

Pek çok insan, "diyabet tedavi edilemez" gibi aynı inanca sahip olduğunda, bunu bir gerçek olarak kabul eder ve bu, kolektif bir bilinç inancı haline gelir. Yeterince insan aynı şeye inandığında, insanlığın kolektif bilincinin bir parçası olur. Sezgisel bir kişi kolektif bilince bağlanırsa, kabul edilebilir ve nihai bir gerçek ile karıştırılabilir. Bu olduğunda, inancın pozitif bir enerjiye dönüştürülmesi gerekir.

Kolektif bilinçte olan inançlara örnekler şöyledir:

- "Diyabet tedavi edilemez."
- "Dünyanın sonu geliyor."
- "Atlantis'in yok olması benim hatamdı."
- "Gücümü kullanmaktan korkuyorum."
- "Yoksulluk yemini ettim."

Kazma Çalışmasına Başlayın

Bu inançları bulun ve değiştirin. Böylece inançlar, danışanın hayatını etkilemez. Komutu verin veya talep edin: "Bu, şimdi tamamlanmıştır. Bu bitti. Ben ilerlemeye hazırım. Teşekkür ederim. Oldu. Oldu. Oldu."

Aşağıdakileri sorarak inanç çalışmasına devam edin:

- Bu ne zaman başladı?
- Bundan ne elde ettin?
- Bundan ne öğrendin?
- Bu artık tamamlandı mı?

Cevap "Evet" ise, "Bu hayatta artık tamamlandı," komutunu ve "Artık buna ihtiyacım yok," komutlarını verin.

KAZMA YAKLAŞIMI 8: İMKÂNSIZ

Şifayı Yaradan veriyor olsa da siz, tanıksınız. İyileşmenin imkânsız olduğuna inanıyorsanız, iyileşmeye tanıklık etmek de imkânsız olacaktır. Aslında, bir şeyi iyileştirmenin imkânsız olduğunu düşündüğünüz zaman, elbette imkânsızdır! İşte bu yüzden ThetaHealer'larız; çünkü imkânsızı gerçekleştirmekte cidden iyiyiz. Bizim işimiz, "Her şey mümkündür."

Bazı bilim adamları, şifa da dahil olmak üzere birçok şeyin imkânsız olduğuna inanmaktadır. Buna rağmen geleneksel tıp, " interstitium" olarak adlandırılan" bedende şimdiye kadar var olduğu bile bilinmeyen bir "organı" keşfetti; Son 150 yıldaki anatomik çalışmalarda gözden kaçan ve tıp araştırmacılarının kanserin nasıl yayıldığını anlamalarına yardımcı olabilecek bir organ keşfedildi. (5)

Benzer şekilde bilim adamları, epifiz bezinin bir amacı olmadığını düşünürlerdi ve ben çok küçükken doktorlar, bir bahane bulup lüzumsuz gördükleri bademcikleri alıverirlerdi.

Idaho'da yaşarken kendimi iyi hissetmediğim için bir doktora gitmiştim. Fiziki muayenesi sırasında doktor, boğazımın içine baktı ve şimdiye kadar gördüğü en büyük bademciklere sahip olduğumu söyledi ve neden daha önce aldırmadığımı sordu? Bu, bana doğru gelmiyordu ve ameliyat olmayı reddettim. Bunun yerine şifa çalışması yapmıştım. O zamanlar tam da Idaho'dan Montana'ya taşınıyordum.

Idaho'da yaşarken (doktora göre) her türlü çalı çırpıya alerjim vardı. Ancak, Montana'ya taşınınca doktora gittiğimde, aynı alerji testleri yaptırdım ve hiçbir şeye alerjim yoktu. Peki, başka neler kayboldu biliyor musunuz? Şiş bademciklerim. Bu yeni doktor bademciklerimi bulamadığını söyledi ve alındılar mı diye sordu. Hem de bir yıl önce diğer doktor, gördüğü en büyük bademciklerin bende olduğunu söylemişken. Bu imkânsız olmalı!

Bu alerji ile ilgili tıbbı kayıtları Konjestif kalp yetmezliği (Hayatta kaldığımda doktor, "Ah, yok artık," demişti) kayıtlarının ve bacağımdaki tümörün (Doktorların, "Nereye gittiğini bilmiyoruz," dediği) kayıtlarının yanına kaldırdım. Tüm bu kayıtlar kasada olduğundan, bir gün birisi onlara bakıp hepsinin imkânsız olduğunu görecektir.

İmkânsız beyin şekeridir.

Bir keresinde diyabet tipi 1 olan üç yaşında küçük bir kız çocuğu ile çalıştım. Ona bir şifa çalışması yaptım ve Yaradanın kızın DNA'sında çalıştığına tanık oldum. Şifa çalışmasından bu yana çocuk, beş yıldır insülin kullanmamıştı; ta ki çocuğun annesi "Kızım tip 1 diyabet hastası ve en son insülin kullandığından bu yana beş yıl geçti," diyene kadar. Her ne kadar kızının "Tip1 Diyabet" olduğunu beyan ederken diyabetin geçtiğine dair umutlu görünse de buna gerçekten inanmıyordu. Bilinçaltında bir yerlerde, diyabetin hâlâ orada olduğuna inanıyordu.

Sezgisel şifa çalışmaları, imkânsız olarak algılanan şeyler hakkındaki inançlarımızı ne kadar temizlediğimizle de ilgilidir. İnanç çalışması, mümkün olması imkânsız olarak algılanan şeye odaklanmalıdır. DNA 3 sınıfında ThetaHealer'lar, devasa kolektif bilince ait devraldığımız imkânsız inançlarının farkında olarak çevreleri ve gezegen üzerinde inanç çalışmaları yapmayı öğrenirler.

Üç boyutlu bir varlık olarak değil, üç boyutlu bir deneyime sahip olan çok boyutlu bir varlık olarak kim olduklarını öğrenmeye başlarlar, Bu insan vücudu, bizim yaşam destek sistemimizdir; ancak fiziksel olandan daha fazlasıyız. Bunu kanıtlamak, öğrencileri saf düşünceyle eşyaları hareket ettirebileceklerine ikna etmeyi içerir. Fakat birçok öğrenci bu alıştırmalardan vazgeçiyor; çünkü imkânsız olduğuna inanıyorlar. İmkânsız şeyler yapılabilir.

Kazma Çalışmasına Başlayın

İmkânsız olan inançların değişmesiyle karşı karşıya kaldıklarında bazı insanlar, ailelerini terk edeceklerini ve başka bir boyuta geçeceklerini düşünüyorlar. Bunlar gerçek korkulardır ve danışanın kendisini rahat hissetmesini sağlamak için çok fazla yüklemeye ihtiyaç olabilir.

İnanç çalışmasında sorulması gereken sorular şunlardır:

- İmkânsız olduğunu düşündüğün şeyi yapabilirsen ne olur?
- Maddeyi zihninizle hareket ettirirsen ne olur?
- Şifaya tanıklık edersen ne olur?
- Bu sorular, insanlarda çok kötü korkular yaratabilecek şeylerdir:
- Bunu yapabilirsem insanlar benden korkarlar.
- İnsanlar beni öldürmeye çalışır.
- Sadece peygamberler şifa verebilir.
- Peygamber gibi olmak yanlış.
- Eğer "sihirli şeyler" yaparsam, bir cadı olarak yakılabilirim.

Danışanlar genellikle, imkânsızla ilgili inançları değiştirmenin zor olduğuna inanırlar. Bu sebeple, bu tarz korkuları ve diğer korkuları ortadan kaldırmak önemlidir; böylece danışan, bunu yapmanın güvenli olduğunu anlar ve sonuç olarak yeteneklerini kötüye kullanmaz.

Kutsal kitaplar, bize peygamberlerin birçok mucize yarattığını söyler. Özünde Peygamberler bize, "Yapabildiğim şeyleri sen de yapabilirsin," der.

Apollonius[2] adında başka bir adam vardı, o da aynı şekilde şifalar yapıyordu; ancak onun hakkında çok az yazı vardır. Mucizevi iyileşmeler hakkında tarih boyunca çok sayıda referans olmuştur. Dinlerin gelişmesinin bir noktasında, içinde bulunulan zamanın durumuna bağlı olarak şifacılar ya aziz haline getirilmiş ya da kazığa bağlanıp yakılmıştı.

Kolektif bilincin bir bölümünde, birisini düşünce enerjisiyle iyileştirmenin imkânsız olduğuna inanılmaktadır. Bundan, başkalarının korkuları, şüpheleri ve inançsızlıklarının hiçbir şey başaramayacağını öğreniyoruz. Blokajları bulmak için kullanılan diğer kazma yöntemlerinden farklı olarak bu kazma yöntemi, imkânsız olanın odaklanmış düşünce ve dua gücü ile değiştirilebileceğini kabul etmek için beyni yeniden programlamak için kullanılır.

Bu keşifte, bireyin bilinçaltının imkânsız olduğunu düşündüğü şey üzerinde çalışmayı öğreniyoruz: Onlara, bu gerçeği yerinde tutanın, akılda olan inançlar olduğunu öğretmek. Bu şekilde, imkânsız görünen şey aslında mümkün olabilir. Her seviyede bunun imkânsız olduğu öğretildi; ama bu bir şekilde yanlış.

Kendinize öğretilecek ilk şey, bir şeylerin mümkün olduğudur. Bir danışanla inanç çalışması sırasında ortaya çıkan başlıca sorunlar; "İnsanlar farklı olduğumu düşünecek", "İnsanlar bana

---

2 Tuvanalı Apollon ya da Tuvanalı Apollonius, Roma İmparatorluğu'nun Kapadokya ilindeki Tuvana kentinde doğmuş filozof. MS 15-100 arasında yaşamıştır. *–ç.n.*

zarar vermeye çalışacak," ya da "Farklı olursam uyum sağlayamam," gibi korkulardır. Bu yüzden, imkânsız ile ilgili sorunları çözmek için korku çalışmasını (ilk kazma yaklaşımı) kullanmanız gerekebilir.

İhtiyaç olduğunda, bir seans sırasında on kazma yaklaşımından herhangi birini kullanma yeteneğini geliştirmek önemlidir.

Kazma Çalışmasına Devam Edin

Eğer danışan, kazma işleminde imkânsız olduğuna inandıkları şeylerle ilgili programlar ve inançlarını ifade ederse, bu inançları değiştirmek yararlı olur, böylece şifayı kabul edebilirler.

Danışana, sözlü ifadelerinde veya düşüncelerinde aşağıdaki ifadeleri kullanmaktan kaçınmasını söyleyin.

- "Yapamam…"
- "Benim sorunum…"
- "Bu imkânsız…"
- "Evet; ama benim için işe yaramaz."

Danışana aşağıdaki soruları sorun:

- Eğer... olursa, ne olurdu?
- Bunu yapabilseydin ne olurdu?
- Neden imkânsız?
- İmkânsız olduğunu kim söyledi?

İmkânsız "tamamlandı" ve "mümkün" programının inançlarını yükleyin.

KAZMA YAKLAŞIMI 9: ŞİMDİYİ KAZMA - ZORLUKLARDAN ÖĞRENME

Bu kazma yaklaşımında, danışana şu anki problemini belirtmesi için rehberlik ediyor ve daha sonra ne elde ettiklerini soruyorsunuz:

"Yaşamakta olduğunuz zorluklardan ne gibi yararlar elde ediyorsunuz?"

Her zorluğun ortaya çıkmasının daha derin bir nedeni var. Ruhumuz, her yaşam deneyiminden öğrenmektedir. Bunların iyi ya da kötü deneyimler olması ruh için önemli değildir; ancak onlardan ne elde ettiği önemlidir. Erdemleri zor bir durumdan öğreniyor olsak bile bu durum, ruh için iyi bir şeydir ve herhangi bir zorluktan öğrendiğimiz iyi şeylerin tanımlanması bu nedenle önemlidir. Bu şekilde, diğer durumlarda zorlukları tekrarlamak zorunda kalmayız ve zorluklar olmadan da ruhsal olarak gelişebiliriz.

Kazma Çalışmasına Başlayın

Bu kazma yaklaşımında, danışana şu anda yaşadıkları sorunu belirtmeleri için rehberlik edersiniz. Sonra da danışana ondan ne öğrendiklerini sorarsınız.

Aşağıdaki inanç çalışması seansı iyi bir örnektir:

Seansta adam, annesini kendi evine taşıdığını ve bu durumun onu deli ettiğini söylemişti. Ona, "Anneni evine getirmekten ne kazanıyorsun?" diye sordum. Cevap vermeden önce bir süre düşündü, "Annem, ben küçükken çok kontrolcü biriydi. Hayatımdaki her şeyi kontrol ederdi. Artık hayatımda olduğu için onun hayatındaki her şeyi ben kontrol ediyorum. Ayrıca erkek ve kız kardeşlerim artık beni görmeye gelip borç istemeyecekler; çünkü ondan hoşlanmıyorlar."

Birdenbire, derin bilinçaltı seviyede yarattığı durumu ve ona nasıl hizmet ettiğini gördü. Ona annesini anlamayı öğrettim, böylece onunla yaşayabilirdi. Ayrıca onu kontrol etmeden nasıl yaşayacağını da öğrettim. Sonuç olarak, daha uyumlu bir hayat yaşayabildi.

Kendi üzerimizde çalışarak değiştirilebilecek pek çok şey var.

Başka bir vakada, bir kadın okuma için geldi.

Kadın: *Bir sebeple şu anda kazandığımdan daha fazla para kazanamıyorum. Bir sebeple engelleniyorum. Bir boşanma sürecindeyim ve çok fazla acı çekiyorum.*

Vianna: *Tamam, gözlerini kapat ve söyle bana, bu kadar acı çekmekten ne elde ediyorsun?*

Kadın: *Bundan hiçbir şey elde etmiyorum. Mücadele ediyorum.*

Vianna: *Tamam gözlerini kapat ve yukarı çıkıp Yaratıcıya sor, Bu mücadeleden ne elde ediyorum?*

(Konuşmadan önce birkaç dakika gözlerini kapatıp bekledi.)

Kadın: *Sadece... bu kadar para kazandığım sürece kocama yarısını vermek zorunda değilim. Boşandığımız zaman kazandığım tüm parayı kendimde tutabilirim.*

Bunu fark etmek onun için hayat değiştiriciydi. Sadece neden bu kadar zor olduğunu anlamıştı ve boşanma tamamlandığında çok para kazanmaya başladı.

Başka bir seansta, danışan ruh eşini arıyordu ve ona yardım etmemi istedi.

Kadın: *Neden ruh eşimi bulamıyorum? On yıl boyunca aramaya devam ettim. Ben her şeyi yaptım. Onu neden bulamıyorum?*

Vianna: *Ruh eşinin olmamasından ne elde ediyorsun?*

Kadın: *Hiçbir şey, bir ruh eşi istiyorum!*

Vianna: *Gözlerini kapat ve düşün. Bundan ne kazanıyorsun?*

(Konuşmadan önce düşündü.)

Kadın: *Ruh eşimi aramaya devam ettiğim sürece ona sahip olmak zorunda değilim. Evimi seviyorum. Yaşam tarzımı seviyorum; ama herkes ruh eşim olması gerektiğini düşünüyor. Eğer bir ruh eşim olursa yaşamım ve olduğum ben değişecek. Değiştirmek istemiyorum.*

Otuz saniye içinde neden istediğini alamadığının cevabı aldı.

Sohbet sırasında bir arkadaşım, bir yandan çikolata kemirirken, "Bu kilodan aşağıya düşemem," demişti. Ona, "Şişman olmaktan ne elde ediyorsun?" diye sordum. Bana baktı ve, "Yaşlı bir kadın olduğumu biliyorsun. Eğer kilo verirsem buruşurum. Ben buruşmak istemiyorum. Ayrıca, eğer kilo verirsem kocam daha kıskanç hale gelir ve büzülmüş bir erik gibi olmak istemiyorum."

Zorluklarla ilgili inanç çalışması, görmekten kaçınmaya çalıştığımız gizli motivasyonları her zaman gösterecektir.

Bir kadın bana geldi; çünkü neredeyse on dört kez boşanmıştı; kocası onu her yıl aynı zamanda terk ediyordu.

Vianna: *Kocan seni her sene aynı zamanda terk mi ediyor?*

Danışan: *Evet.*

Vianna: *Ve sonra geri mi geliyor?*

Danışan: *Evet.*

Vianna: *Bu nasıl oluyor? Tüm eşyalarını toplayıp ayrılıyor mu?*

Danışan: *Evet. Bana boşanmamız gerektiğini ve adımı değiştirmem gerektiğini ve artık bundan sonra sonsuza kadar böyle olacağını söylüyor. Evimizi satılığa çıkarıyor ve sonra geri dönüp, "Tekrar evliyiz," diyor.*

Vianna: *Gözlerini kapat ve söyle bana, bu durumdan ne elde ediyorsun?*

Danışan: *Bu ilk defa olduğunda hastaydım ve şifa çalışmalarına geri döndüm. İlk önce psikoterapi yaptım, sonra ThetaHealing'e başladım. Yeni bir merkez açtım ve seyahat etmeye başladım. Beni terk etmeye karar verdiğinde seyahat ediyor, yeni projeler yapıyordum ve çok mutluydum. Kocam geri dönmeye karar verdiğinde ilk başta bu bana ağır geldi; ama sonra birlikte yaşadığımızda daha iyi seçeneklere sahip olduğumuzu fark ettim. Birbirimizi sevdiğimizi fark ettim. Hâlâ iki parçam evliliğin içinde birbirleriyle kavga ediyor. Bir parçam özgür olmak, diğeri ise evlenmek istiyor. Sonra döngü tekrar başlıyor ve aramızda işler zorlaşıyor.*

Vianna: *Tamam, o gittiğinde biraz eğlenebiliyorsun ve şifa çalışmaları yapman kolaylaşıyor. Kocan gittiğinde biriyle çıkıyor musun?*

Danışan: Hayır, başka birini istemiyorum. Gittiğinde beni çok kıskanıyor; ama bu benimle birlikte olduğu zamandan daha iyi hissettiriyor.

Vianna: Yani, bunu yapmasından bir şekilde memnunsun. Sana özgürlük veriyor, diğer projelerini tamamlamana yardımcı oluyor ve ardından evliliğiniz geri geliyor.

Danışan: Bir araya geldiğimizde, her seferinde yeni bir seviyede ve farklı oluyor.

Vianna: Boşanmaya hazır olduğun sürece boşanmana gerek kalmıyor ve bir miktar özgürlüğünü koruyabiliyorsun.

Danışan: Evet ve hayatımda yeni bir erkeğe ihtiyacım yok.

Vianna: Bu, ilişkinizi çok ilginç kılıyor gibi görünüyor.

Danışan: Ama artık bu durumdan bıktık.

Vianna: Bakalım... Sana enerji testi yapacağım. Benim ardımdan tekrar et: "Kocamın beni terk edip sonra geri dönmesinden bıktım."

Danışan: Kocamın beni terk edip sonra geri dönmesinden bıktım.

(Enerji testi "Hayır" cevabını veriyor.)

Vianna: Evliliğime mola vermekten hoşlanıyorum, deyin.

Danışan: Evliliğime mola vermekten hoşlanıyorum.

(Enerji testi "Evet" yanıtı veriyor.)

Vianna: "Ailem bu durumdan bıktı," deyin.

Danışan: Ailem bu durumdan bıktı.

(Enerji testi "Evet" yanıtı veriyor.)

Vianna: *"Babam ve annem bu durumdan bıktı," deyin.*

Danışan: *Onlar bu durumu bilmiyorlar.*

Vianna: *Tamam, başka kim biliyor?*

Danışan: *Çocuklarım bu durumdan bıktı.*

(Enerji testi "Evet" yanıtı veriyor.)

Vianna: *"Bu durumdan hoşlanıyorum," deyin.*

Danışan: *Bu durumdan hoşlanıyorum.*

("Enerji testi "Evet" yanıtı veriyor)

Vianna: *"Bu durum devam ettiği sürece kocam ve ben tekrar tekrar yeniden başlamaya devam edebiliriz," deyin.*

Danışan: *Bu durum devam ettiği sürece kocam ve ben tekrar tekrar yeniden başlamaya devam edebiliriz.*

(Enerji testi "Evet" yanıtı verir)

Vianna: *Bu durum olmadan da hâlâ özgürlüğünün bir kısmına sahip olabileceğini ve ayrılıp tekrar bir araya gelmeden de yeniden başlayabileceğinizi bilmek ister misin?*

Danışan: *Evet.*

Vianna: *"Evli olmaktan sıkıldım," deyin.*

Danışan: *Evli olmaktan sıkıldım.*

(Enerji testi "Evet" yanıtı verir.)

Vianna: *Evliliğinizde heyecan yaratabileceğinizi bilmek ister misiniz?*

Danışan: *Evet, isterim.*

Vianna: *Sıkılma korkunuzu değiştirebilir miyiz?*

Danışan: *Evet.*

Vianna: *"Sıkıldım," inancını "Evlilik heyecan verici olabilir," olarak değiştirebilir miyim?*

Danışan: *Evet. Bir eş seçtiğimde zor olduğundan emin oldum. Çıktığım pozitif tutumlu olan tüm erkekler de sıkıcıydı.*

Gördüğünüz gibi durumdan neler elde ettiğini bulduk ve birçok olumlu şey vardı. Sonra ona, bu durumu yaratmadan olumlu şeyler yaşayabileceğini öğrettik. Sonra da bu durumun bitip bitmediğini görmek için enerji testi yaptık.

Vianna: *Şöyle deyin, "Bu durumu kocamla yaratmam gerekiyor."*

Danışan: *Bu durumu kocamla yaratmam gerekiyor.*

(Enerji testi "Evet" yanıtı verir.)

Vianna: *Peki, bu durumu yaratmayı ne zaman bırakmayı düşünüyorsun? Bir yıl, iki yıl?*

Danışan: *Bu duruma neden ihtiyaç duyduğumu anlayamıyorum.*

Vianna: *E tabii, özgür ve yaratıcı olma şansına sahip oluyorsun.*

Danışan: *Seyahat ederken ve ayrı olduğumuzda kendimi suçlu hissediyorum; ancak o gittiği zaman kendimi suçlu hissetmiyorum. Eve döndüğümde de çok iyi kalpli oluyorum.*

Vianna: *Bunu değiştirmek ister misin? Suçluluk duymadan seyahat edebileceğini ve beraber seyahat edebileceğinizi bilmek ister misiniz?*

Danışan: *Suçluluk hissetmeden seyahat etmek istiyorum ama birlikte seyahat ederken her şeyin parasını ödemek zorundayım; çünkü hiç parası yok.*

Vianna: *Ama sen evlisin. Parayı paylaşmıyor musunuz?*

Danışan: *İlişkideki paranın çoğunu ben kazanıyorum.*

Vianna: *Bu ilişkideki para, "senin" paran mı?*

Danışan: *Evet.*

Vianna: *Ama onu seviyorsun. Birini sevdiğin zaman seyahat etmek ve parayı paylaşmak uygundur. Birlikte seyahat edebileceğiniz ve onun size eşlik edebileceği kadar para kazanabileceğinizi bilmek ister misiniz? Ve ilişkinizde eşit bir denge oluşturarak kendisini önemli hissetmesini sağlamayı?*

Danışan: *Evet, kendim için, onun için ve çocuklarım için yeterli olacak.*

Vianna: *Paranızı, kırgın olmaksızın sevdiklerinizle nasıl paylaşacağınızı, birlikte daha fazla kazanmanıza izin verildiğini ve onun güvende olmanıza yardım edebileceğini bilmek ister misiniz?*

Danışan: *Evet.*

Vianna: *Şöyle deyin, "Bir kadının bir erkekten daha fazla kazanması yanlıştır."*

Danışan: *Bir kadının bir erkekten daha fazla kazanması yanlıştır.*

(Enerji testi "Evet" yanıtı verir)

Vianna: *Bu genetik bir program olabilir. Para kazanmanın harika bir şey olduğunu, suçluluk duygusu olmadan para kazanabileceğinizi ve kabul edilebileceğini bilmek ister misiniz?*

Durumdan ne elde ettiğini bulmuştuk; ama kazmaya devam ettikçe üzerinde çalışacak daha çok şey bulduk.

Vianna: *Bu durumdan hangi erdemleri öğrendin?*

Danışan: *Affedici olmayı ve onu tamamen sevmeyi öğreniyorum.*

Vianna: *Nasıl paylaşılacağını da öğrendin mi? Onu nasıl affedebileceğini?*

Danışan: *Onu nasıl hissedeceğimi ve duru görüyü öğrendim; çünkü onun zihnini okuyabiliyorum. Onun özgür iradesine nasıl saygı duyacağımı öğrendim.*

Vianna: *Aynı zamanda nasıl iyi bir şifacı olacağını ve kendi başına başarabildiğini öğrendin. Bu şeylerden neler öğrendiğini bilmek ister misin? Peki, ya daha fazlasını öğrenmeye hazır olduğunu ve bunun tamamlandığını? Bunların farkına varıyor musun?*

(Danışan ağlıyor.)

Danışan: *Evet.*

Vianna: *Seni tamamen sevmesine nasıl izin vereceğini bilmek ister misin?*

Danışan: *Evet.*

Vianna: *Seyahat ederken seni üzen onunla paylaşmak değil, kendini kullanılmış hissetmen. Seyahat ederken onun iyi yanlarını görmek ister misiniz?*

Danışan: *Evet.*

Seansın sonunda müşteri, ilişkiden ne kazandığını ve ondan ne öğrendiğini biliyordu.

Gereksiz zorluklarla ilgili sorunları tespit etmek için kendinize veya bir danışana sorabileceğiniz bazı sorular şunlardır:

- Neden insanların sana bu şekilde davranmalarına izin veriyorsun?
- Neden mali sıkıntılarınız var?
- Neden sevgi ile ilgili mücadele ediyorsun?
- Bu zorluk size nasıl yardımcı oluyor?
- Bundan ne elde ediyorsun?
- Neden yarattın?
- Zorluktan hangi erdemleri geliştiriyorsunuz?
- Zorluk olmadan bu erdemleri nasıl geliştirebilirsin?
- Zorluk olmadan yaşamanın ve hâlâ erdemler geliştirmenin nasıl bir his olduğunu biliyor musun?

KAZMA YAKLAŞIMI 10: ERDEMLERİÖĞRENMEK

Zorluklardan ve mücadeleden neler öğreniyorsunuz? Deneyimlerinizden hangi erdemleri geliştiriyorsunuz?

Ruhun bu yaşamdaki amacı, erdemleri öğrenmek ve yeteneklerini geliştirmektir. Kitapta daha önce açıklandığı gibi bir erdem, yaratımlarımıza izin veren hafif bir düşünce formudur. Bu erdemli düşünceler, bizi bedenin maddesel çapasından kurtarır. Erdemli olmayan düşünceler ağırdır ve içsel yeteneklerimizi engeller. Örneğin, daha iyi bir şifacı olmak istiyorsanız; iyi kalplilik, yargısızlık ve başkalarına değer verme erdemlerine ihtiyacınız vardır. Bize yaşamlarımız boyunca erdemleri geliştirme fırsatları verilir; işin püf noktası, zor durumları yaşamak zorunda kalmadan önce onları geliştirmektir.

Ruh, kutsal zamanlarına ulaşabilmek için erdemler geliştirmelidir (yukarıda açıklandığı gibi bu yaratımlar için de gereklidir). Bu, şimdiye kadar yaptığımız her şeyin önemli olduğu anlamına gelir. İyi ya da kötü olmasından ziyade her deneyim, bize iyi bir şey öğrettiği için önemlidir.

Peki ama hangi yeteneklere ihtiyacımız var? Eğer Yaradana nasıl daha iyi bir şifacı olabileceğimizi sorarsak, şifa çalışmaları hakkındaki her türlü korku, şüphe ve inançsızlık ortaya çıkabilir. Daha iyi şifacılar olabilmemiz için iyi kalpli, hoşgörülü, sabırlı, şefkatli olmalıyız ve yargılamadan diğer insanlarla etkileşim kurma yeteneğine sahip olmalıyız.

Bu erdemlerin farkına varır varmaz ruh, onlara ulaşmak için çalışmaya başlar. Bu bize, evrenin bizim için yapmasına gerek kalmadan erdemler üzerinde çalışma fırsatı verir.

İyileşmeyi durduran tek şey; korku, şüphe, inançsızlık ve erdem eksikliğidir.

Kazma Çalışmasına Başlayın

Etkileşim kurduğunuz her danışan, ruhun yükselişine bir basamaktır. Her yeni danışan, size erdemleri geliştirme fırsatı verir. Her danışan bize, kazma işlemi hakkında daha sonra başkalarıyla da kullanabileceğimiz yeni bir şey öğretebilir. Bunun, kendiniz ve inançlarınız hakkında ne öğrettiğini anlamak da önemlidir. Süreç sizinle ilgili olmamakla birlikte seanstan sonra, danışanla paylaşılabilecek benzer inançlar için enerji testi yapmak yine de yararlıdır.

Erdem Alıştırması

Başka biriyle eşleşin ve sırayla hayatınızda neler olduğunu ve bu yaşam deneyimlerinden neler öğrendiğinizi paylaşın. Her bir deneyimle elde ettiğiniz erdem ve ruhunuzun geliştirmek istediği erdemler hakkında konuşun. Ardından, sırayla uygulayıcı rolüne geçerek diğer kişinin (danışan rolünde olan) öğretiyi alıp almadığını görmek için enerji testi yapın, böylece dersin ötesine geçebilirler.

Dans

İnanç çalışmasındaki son adım, tüm bu on kazma yöntemini bir arada kullanarak sadece danışana değil aynı zamanda size de fayda sağlayan iyileştirici bir sanat olacak şekilde güzel bir dans haline getirmektir; hiç kimse bir inanç çalışması seansında işkence görmüş gibi hissetmemelidir. Danışan ayrıldığında neşe ve bilgi yaymalıdır. Kendiniz üzerinde çalışıyorsanız, kendiniz üzerinde çalışmaktan heyecan duymalısınız. Tüm farklı kazma yaklaşımlarını tek bir seansa nasıl koyacağınızı biliyorsanız, danışan güvende hissedecektir. Ve kendinize inanç çalışması yapmaya devam ederek, daha başarılı ve etkili bir şifacı olacaksınız.

Sonuç
Bir ThetaHealer Olmak

ThetaHealer olmanın ne anlama geldiğini hatırlayın:

- Bir ThetaHealer, onları istediklerinden uzak tutan sınırlayıcı inançları keşfetmek için diğerleriyle birlikte çalışır.
- Bir ThetaHealer, diğerlerine inançlarını nasıl kucaklayacaklarını öğretir.
- Bir ThetaHealer, diğerlerine Yaratıcıdan nasıl yardım isteyeceğini öğretir.
- Bir ThetaHealer, diğerlerine nasıl ilahi varlıklar olacağını öğretir.
- Bir ThetaHealer, diğerlerine doktora gitmenin uygun olduğunu öğretir.
- Bir ThetaHealer diğerlerine, bir şifacıya gitmenin uygun olduğunu öğretir.
- Bir ThetaHealer başkalarına ruh görmenin olası olduğunu, deli olmadıklarını ve onu ışığa nasıl göndereceklerini öğretir.

Biz, insanlara gerçekte olduklarını kişi olarak yaşamayı öğretiyoruz.

Aşağıda bazı yüklemeler bulacaksınız:

- Danışanımın çıkarlarını kendiminkilerin önüne koymanın nasıl bir his olduğunu biliyorum.
- Yaratan'la birlikte nasıl yaratılacağını biliyorum.
- Yedinci Seviye perspektifinden kök inancı nasıl kazacağımı biliyorum.
- Bir seansta kazma çalışmasının tüm yöntemlerini nasıl kullanacağımı biliyorum.

Sözlük

Bilinç: Hareketlerin ve benliğin tamamen farkında olmak. Bilinçli zihnin beynin sadece yüzde 10'unu, bilinçaltı ise yüzde 90'ını çalıştırdığı teorisi vardır. (Ayrıca bkz. Bilinçaltı)

Bilinçaltı: Zihnin vücudun otonom sistemlerini, bazı his ve anıları çalıştıran kısmı. Temel amacı bizi güvende ve hayatta tutmaktır. Bilinç eşiğinin hemen altındaki zihinsel aktivite. (Ayrıca bkz. Bilinç)

Dört İnanç Seviyesi: Dört farklı inanç seviyesi vardır: öz benlik inançlar, genetik inançlar, geçmiş inançlar ve ruhsal inançlar. Ayrıca bkz. Öz benlik inançlar, genetik inançlar, geçmiş inançları ve ruhsal inançlar.

Enerji Testi: ThetaHealing'de inanç sistemlerini test etme süreci. (Ayrıca bkz. İnanç sistemi)

Geçmiş Seviye İnançları: Dört inanç seviyesinden biri. Bu inançlar geçmiş yaşam hatıralarından geliyor ve onlar için pek çok sebep var:

- Geçmişte yedi nesilden daha önce oluşmuş davranış modeli.
- Akaşik kayıtlardan gelen enerjiler.
- Kişisel geçmiş yaşam deneyimlerinden kolektif bilinç anıları.
- Başkalarının geçmişteki yaşam deneyimlerinin enerjisinin, cansız nesnelere gömülü olarak bırakılmış izleri.

Her kum tanesinde Dünya'da yaşamış olan her şeyin anıları vardır, bunlar birçok yaşamdan bugüne taşıdığımız deneyimlerdir. (Ayrıca bkz. Dört inanç seviyesi)

Geçmiş Yaşamların Karması: karmayı geçmiş yaşamdan getirmek demektir. Bunlar eski Hindu inançlarıdır, ancak modern zamanlarda bu daha tanıdık olarak neden ve sonuç olarak bilinir.

Gen Çalışması: Bir gen karmasının yapısını olumlu yönde etkileyen bir süreç.

Genetik İnançlar: Dört inanç seviyesinden biri. Ebeveynlerimizden ve atalarımızdan, yedi nesil ileri ve yedi nesil geri miras aldığımız inançlarıdır. (Ayrıca bkz. Dört seviye inanç ve yedi nesil ileri ve yedi nesil geri açıklamaları)

Genetiğin Karması: Bir atadan kalıtsal bir özellik ve onlarla ilişkili bir karma anlamına gelir.

His Çalışması: Hisleri Yaradanın bakış açısıyla öğretme süreci. Örneğin: Yaradanın iyi kalplilik, sabır, yargısızlık gibi erdemler perspektifi.

İnanç Çalışması: İnanç sistemlerini çekme ve değiştirme süreci.

İnanç Sistemi: Bireyin veya sosyal grubun neyin doğru neyin yanlış; neyin gerçek neyin sahte olduğuna dair inançlar grubu.

İnanç Zinciri: Üst üste yığılmış, bir inanç sistemini oluşturan inançlar.(bkz. İnanç sistemi)

Kazma Çalışması: Üst üste yığılmış bir inanç zinciri bulma ve alt veya kök inancı değiştirme süreci. (Ayrıca bkz. İnanç zinciri)

Kristal Serme: Genetik ve geçmiş yaşam anılarına ulaşma tekniği.

Kutsal Zamanlama: Kaderini bilmek ve evrenin gelip sana yardım etmesine izin vermek.

Mutlak Gerçekler: Güneşin doğacağı, Dünya döneceği ya da bir köpeğin köpek olduğu gibi kesin olan gerçeklerdir.

Okuma: Bir ThetaHealer bir bedeni; fiziksel, duygusal, zihinsel, ruhsal ve geleceklerinde neler olduğuna dair izler almak için başka bir kişiyi taraması.

Öz Benlik Seviyesi İnançları: Dört inanç seviyesinden biri. Bilinçaltı zihninde bu hayattan –ve çoğunlukla çocukluktan kaynaklanan– davranış programlarımızın bir parçası haline gelen davranış kalıpları. Genellikle bu, bilinçaltı tarafında bizi korumak ve güvende tutmak için bir çabadır. Bu seviyede çalışırken uygulayıcı, beynin ön lobunda değişikliklere tanık olacaktır. (Ayrıca bkz. Dört inanç seviyesi, programlar ve bilinçaltı)

Özgür İrade: Özgür irade, inandığınız şeyi seçme yeteneğidir. Kırılamayacak bir evrensel yasadır.

Programlar: Zihindeki inançların yarattığı davranış kalıpları.

Ruhsal İnançlar: Dört inanç seviyesinden biri. Bunlar tüm inanç programlarının en derin ve en yaygın olanlarıdır. Eğer bir inanç birden fazla seviyede tekrarlanırsa, ruhsal seviyeye kadar gidebilir. Ruhumuz Yaradan'dan olmasına rağmen, her zaman öğrenmeye devam eder. (Ayrıca bkz. Dört inanç seviyesi)

Serbest Bırakma Çalışması: Eski duyguları veya programları bırakmak. (Ayrıca bkz. Programlar)

Şimdinin Karması: Günümüzde karma yaratan şeylerdir. Örneğin, birine kötü davranırsanız, karşılığında size kötü davranırlar.

Şifa Sistemi: Yaratıcının bir şifa yaptığına şahit olmak için Theta durumundayken birlikte yaratma süreci. Bedenin iyileşmesine ve yenilenmesine yardımcı olur. (Ayrıca bkz. Var Olan Her Şeyin Yaratıcısı ve Theta durumu)

Theta Beyin Dalgası: Beyin dalgalarının saniyede dört ila yedi herz arasında yavaşladığı rüya gibi bir durum.

Theta Durumu veya Theta Beyin Dalgası Durumu: Çok derin bir rahatlama durumu; manevi duyumlarla karakterize yaratıcı, ilham verici bir durum.

Uyku Döngüsü: Derin uyku Theta ve Delta durumlarının, beyinde yeni bilgi tutturduğu genellikle sekiz saatlik bir zaman dilimi.

Var Olan Her Şeyin Yaratıcısı: Var olan her şeyin yaratıldığı en akıllı, mükemmel sevgi enerjisi.

Varoluş Seviyeleri: ThetaHealing'de bu terim, atomların hareketi ile ayrılan yedi farklı ruhsal seviyeyi veya âlemi tanımlamak için kullanılır:

- **Birinci Seviye:** Atomlar katı cisimleri oluşturmak üzere yavaş hareketle bir araya gelirler, örnek: mineraller.
- **İkinci Seviye:** Atomlar, bitkileri oluşturmak için daha hızlı hareket etmeye başlar.
- **Üçüncü Seviye:** Hayvanlar âlemi ve proteinler
- **Dördüncü Seviye:** Ruhlar âlemi
- **Beşinci Seviye:** Yükselmiş üstatların âlemi
- **Altıncı Seviye:** Evrenin Yasaları
- **Yedinci Seviye:** Her şeyin içinde hareket eden Var Olan Her Şey Enerjisi'dir. Başlangıç ve bitiştir.

Vücut Dili: Bireyin duygularını ve zihin durumunu ifade eden fiziksel hareketler.

Yaratım: Ne istediğinizi hayal etmek ve onu tezahür ettirmek.

Yedi Nesil İleri ve Yedi Nesil Geri: Genetik düzeyde değişen ve genetik kuşakta yedi nesil ileri ve geri yedi nesil değişen genetik inançlar. Ayrıca bkz. Genetik inançlar.

Yedinci Varoluş Seviyesi: Evrenimizin içine katılarak molekülleri oluşturan atomları oluşturan protonlar, nötronlar ve elektronları oluşturan quarkları yaratan saf yaratım enerjisi.

Yemin (veya ahit): Ciddi bir söz, akit veya beyanat. Başka bir zaman veya yerde yapılmış olabilecek veya bir ata tarafından yapılmış olabilecek, şu anda birisine hizmet ediyor ya da etmiyor olabilecek bir beyan.

Yüklemeler: Var Olan Her şeyin Yaratıcısından bir bilgisayara yüklermiş gibi zihne doğru gelen pozitif olumlamalara tanıklık etme süreci. (Ayrıca bkz. Var Olan Her Şeyin Yaratıcısı.)

Referanslar

1. Jha, A. 2005. "Where belief is born (İnancın doğduğu yer)". Şuradan ulaşılabilir: www. theguardian.com/science/2005/jun/30/psychology. nörobilim; 21 Ocak 2019.

2. "10 Huge Benefits of Theta Binaural Beats (Teta Binoral Ritimlerinin 10 Büyük Faydası)." Şuradan ulaşılabilir: www.binauralbeatsfreak.com/brainwaveentrainment/ teta binoral vuruşlarının faydaları; 21 Ocak 2019.

3. Birney, E. 2015. "Study of Holocaust survivors finds trauma passed on to children's genes. (Holokost mağdurlarının incelenmesi, çocukların genlerine aktarılan travma buluyor.)" Şuradan ulaşılabilir: www. theguardian.com / science / 2015 / ağustos / 21 / studyofholocaustsurvivorsfinds traumapassedontochildrensgenes; 21 Ocak 2019.

4. Hughes, V. 2013. "Mice Inherit Specific Memories, Because Epigenetics? (Fareler Belirli Anıları Miras Aldır, Sebep Epi-genetik mi?)" Şuradan ulaşılabilir: www.nationalgeographic.com/ science / phenomena / 2013/12/01 / miceinheritspecific memoriesbecauseepigenetics/; 21 Ocak 2019.

5. Gabbatiss, J. 2018. "Interstitium: New organ discovered in human body after it was previously missed by scientists.(Interstitium: Daha önce bilim adamları tarafından gözden kaçmış olup sonradan insan vücudunda keşfedilen yeni organ)." Şuradan ulaşılabilir: www.independent.co.uk/news/health/neworgan humanbodyinterstitiumcancerskinscientistsdiscoverynew yorka8275851.html; 30 Ocak 2019.

Kaynaklar

Thetahealing® Seminerleri

ThetaHealing, Vianna Stibal tarafından kurulmuş olan, dünya çapında sertifikalı eğitmenlerin bulunduğu bir enerji-şifa yöntemidir. ThetaHealing seminerleri ve kitapları, zihnin iyileşme yeteneğini geliştirmek için terapötik bir kendi kendine yardım rehberi olarak tasarlanmıştır. ThetaHealing aşağıdaki seminerleri ve kitapları içerir:

ThetaHealing® Eğitmenleri Tarafından Verilen ThetaHealing®Seminerleri

ThetaHealing Temel DNA 1 ve 2 Uygulayıcı Semineri
ThetaHealing İleri DNA 2½ Uygulayıcı Semineri
ThetaHealing Yaratım ve Bolluk Uygulayıcı Semineri
ThetaHealing Sezgisel Anatomi Uygulayıcı Semineri
ThetaHealing Gökkuşağı Çocuk Uygulayıcı Semineri
ThetaHealing Hastalıklar ve Rahatsızlıklar Uygulayıcı Semineri
ThetaHealing Dünya İlişkileri Uygulayıcı Semineri
ThetaHealing DNA 3 Uygulayıcı Semineri
ThetaHealing Hayvanlar Uygulayıcı Semineri
ThetaHealing Derin Kazma Uygulayıcı Semineri
ThetaHealing Bitkiler Uygulayıcı Semineri
ThetaHealing Ruh Eşi Uygulayıcı Semineri
ThetaHealing Ritim Uygulayıcı Semineri
ThetaHealing Varoluş Seviyeleri Uygulayıcı Semineri

ThetaHealing İlişkileri Geliştirme Eğitmen Sınıfları

ThetaHealing Sen ve Eşin Semineri
ThetaHealing Sen ve Yaratıcı Semineri
ThetaHealing Sen ve Yakın Çevren Semineri
ThetaHealing Sen ve Dünya Semineri

ThetaHealing® Bilgi Enstitüsü'nde Sadece Vianna tarafından Verilen Sertifika Seminerleri

ThetaHealing Temel DNA 1 ve 2 Eğitmen Semineri
ThetaHealing İleri DNA 2 'Eğitmen Semineri
ThetaHealing Yaratım ve Bolluk Eğitmenleri Semineri
ThetaHealing Sezgisel Anatomi Eğitmenleri Semineri
ThetaHealing Gökkuşağı Çocukları Eğitmenleri Semineri
ThetaHealing Hastalıklar ve Rahatsızlıklar Eğitmenler Semineri ThetaHealing Dünya İlişkileri Eğitmenleri Semineri
ThetaHealing DNA 3 Eğitmenleri Semineri
ThetaHealing Hayvanlar Eğitmenleri Semineri
ThetaHealing Derin Kazma Eğitmenler Semineri
ThetaHealing Bitkiler Eğitmenleri Semineri
ThetaHealing Ruh Eşi Eğitmenler Semineri
ThetaHealing Ritim Eğitmenleri Semineri
ThetaHealing Varoluş Seviyeleri Eğitmenleri Semineri
ThetaHealing İlişkileri Geliştirme Eğitmen Sınıfları
ThetaHealing Sen ve Eşin Eğitmenleri Semineri
ThetaHealing Sen ve Yaratıcı Eğitmenleri Semineri
ThetaHealing Sen ve Yakın Çevren Eğitmenleri Semineri
ThetaHealing Sen ve Dünya Eğitmenleri Semineri

ThetaHealing her zaman büyüyor ve gelişiyor ve sık sık yeni kurslar ekleniyor. En son güncellemeler için lütfen www.thetahealing.com adresini ziyaret edin.

Yazarın Yayınevimizden Çıkan Kitapları

ThetaHealing-Sıra Dışı Enerji Yaklaşımına Giriş

İleri ThetaHealing

ThetaHealing-Ritim

ThetaHealing-Hastalıklar ve Rahatsızlıklar

Varoluşun Yedi Seviyesi & ThetaHealing Tekniğinin Felsefesi

ThetaHealing-Derin İnançları Bulun

Yazar Hakkında

Vianna Stibal, ThetaHealing® olarak bilinen spiritüel felsefe, meditasyon ve şifa tekniğinin yaratıcısı ve kurucusudur. Ünlü bir şifacı, yazar ve motivasyon konuşmacısı olan Vianna, kocası Guy ile tüm dünyadan, tüm ırklardan, inançlardan ve dinlerden insanlara seminerler vermektedir. 2019 yılı itibariyle, 180'den fazla ülkede çalışan binlerce eğitmen ve tahmini 600.000 uygulayıcı yetiştirmiştir.

Vianna'nın tekniği zihni anında derin bir teta durumuna (rüya hali) götürür. Bu durumu kullanarak, öğrencilerine ruhsal, zihinsel, duygusal ve fiziksel değişiklikleri kolaylaştırmak için Her Şeyin Yaratıcısı ile bilinçli bağlantılarını yeniden kurmayı öğretir. Kendi iyileşmesine tanık olduktan sonra Vianna, duyguların ve inançların bizi öz benlik, genetik, geçmiş ve ruhsal seviyelerinde nasıl etkilediğini keşfetti. Bu anlayıştan, ThetaHealing'in kalbi ve ruhu haline gelen inanç çalışması doğdu.

İnanç çalışması, inandığımız şeyi, neden inandığımızı ve inançları nasıl değiştireceğimizi, hastalıkları nasıl değiştireceğimizi, Yaradan'ın gerçek planını nasıl anlayacağımızı ve arzu ettiğimiz gerçeği nasıl yaratacağımızı bulmak için bir rehberdir.

Vianna, bizim kendi gerçekliğini yaratan Yaradan kıvılcımları olduğumuzu ve hayatımızdaki her şeyin bir amaca hizmet ettiğini öğretir. O Her Şeyin Yaratıcısına olan sevgisini dürüst bir nüktedanlık ve gerçek bir şefkatle paylaşmaya kendini adamıştır. Eğitimleri ve kitapları hayatları değiştiriyor ve tüm dünyadaki insanlara yardım etmeye devam ediyor.